담임 고민 덜어주는
학급 활동 아이디어

1판 1쇄 발행 2023년 7월 12일
1판 3쇄 발행 2024년 12월 12일

지은이	장원석
펴낸이	한기호
책임편집	여문주
크로스교정	송원빈
편 집	서정원, 박예슬, 이선진
마케팅	윤병일, 하미영
경영지원	김윤아
디자인	박소희
펴낸곳	(주)학교도서관저널
출판등록	제2009-000231호(2009년 10월 15일)
주 소	서울시 마포구 동교로 12안길 14(서교동) 삼성빌딩 A동 3층
전 화	02-322-9677
팩 스	02-6918-0818
전자우편	slj9677@gmail.com
홈페이지	www.slj.co.kr
ISBN	978-89-6915-148-3 03370

ⓒ 장원석 2023

- 이 책은 저작권법에 따라 보호를 받는 저작물이므로 무단 전재와 무단 복제를 금합니다.
- 책값은 뒤표지에 적혀 있습니다.

담임 고민 덜어주는

학급활동 아이디어

▶ ▶ ▶ ▶

작은 노력으로 큰 효과를 거두는
학급경영 노하우

장원석 지음

학교
도서관
저널

일러두기

- 한글 맞춤법 및 외래어 표기는 국립국어원의 원칙을 기본으로 삼되 학생의 글과 대화 일부는 맞춤법에 어긋나더라도 그대로 표기했습니다.
- 책 제목은 『 』, 시와 노래, 웹툰 제목은 「 」, 영화와 방송 프로그램 제목은 〈 〉로 표기했습니다.

→ 여는 글

선생님은 올해 몇 학년 담임을 맡으셨나요? '담임', 사실 우리 교사들에겐 설렘보다 걱정부터 안겨주는 단어일 것입니다. 어떤 학생을 만나게 될지, 어떤 학부모를 만나게 될지 모르죠. 각기 다른 불완전한 존재들이 한자리에 모여 1년 동안 함께 지낼 때 어떤 일이 생길지는 누구도 예측할 수 없습니다. 마치 시작할 때마다 조건이 무작위로 달라지는 게임 같습니다. 잠시 쉬었다가 2학기에 담임을 맡는 경우라면 더욱 부담되실 겁니다. 이미 관계가 형성된 학생들의 틈을 찾아 비집고 들어가야 하니까요.

담임으로서 반의 학생들과 문제없이 잘 지내고 싶은 마음은 모두 같을 겁니다. 다만 뭔가를 하고 싶어도 무엇을, 어떻게 해야 할지 막막하죠. 또는 의욕 있게 활동을 진행했다가 기대와 다른 학생들의 반응에 상처받은 적이 있어서 다 내려놓고 의무적인 것만 하게 된 경우도 있습니다. 그래도 학생들에게 기억될 담임이 되고 싶다는 마음은 우리 마음 어디 한구석에 자리 잡고 있지 않을까요.

1년간 책임져야 하는 학생들이 있다는 건, 생각하기에 따라서 꼭 부담스러운 일만은 아닙니다. 하고 싶은 활동을 함께 해볼 대상이 있다고 생각해보세요. 해볼 만하다 싶은 괜찮은 활동을 알게 되거나 어떤 아이디어가 떠올랐을 때, 그것을 '실험'할 대상이 1년 동안 주어지는 것입니다. 그리고 1년 뒤엔 다시 새로운 실험대상을 만나게 되죠. 혹시 실험이란 말이 불편하게 느껴지시나요? 저는 우리의 삶 자체가 실험이라고 생각합니다. 실험을 할수록 삶은 바뀌어갑니다. 그래서 저는 반 학생들에게 이렇게 말합니다.

"너희는 실험대상이야. 그렇더라도 기분 나빠할 필요는 없어. 선생님이 제시하는 활동의 대부분이 선배들의 실험을 통해 입증되고 개선된 것이거든. 너희의 경험도 후배들에게 귀중한 데이터를 선물하고 있는 거야."

매년 시도하고 다듬어진 기획들은 학급 활동의 실패를 줄여줍니다. 고민하여 준비한 활동에 학생들이 긍정적인 반응을 보일 때 교사는 다른 활동을 기획할 수 있는 자신감을 갖게 될 것입니다.

너무 소심하고 까다롭게 자신의 행동을 고민하지 마라. 모든 인생은 실험이다. 더 많이 실험할수록 더 나아진다. (랠프 월도 에머슨)

교사가 된 후 지금까지를 돌아보면 학급 활동에 진심이었고 여전히 그렇습니다. 한 선생님이 제게 물었던 적이 있습니다. "선생님은 왜 학급 활동을 열심히 하나요?" 잠깐 생각하다가 저는 이렇게 답했습니다. "제가 좋아서요."

학급 활동은 무엇보다 '선생님 자신을 위해' 하는 것이라고 생각합니다. 학생들을 위하는 마음도 물론 있어야겠지만, 최우선 순위는 선생님 자신입니다. 활동은 학생뿐 아니라 교사도 변화시키기 때문입니다.

학급 활동을 고민하고 준비하고 실행할 때마다 늘 함께 떠올리는 단어는 바로 '기획'입니다. 저는 스스로 기획자, 곧 기획하는 담임이라고 생각합니다. 선생님들도 저와 같은 '기획하는 담임'이 되길 기대하며 이 책을 엮었습니다. 담임을 맡았을 때 수시로 꺼내 보며 참고할 만한 학급 활동 참고서가 되어 선생님들이 꾸려갈 학급살이에 도움이 되길 진심으로 기대합니다.

끝으로, 출판사와 연결을 만들어주신 손지선 선생님, 서투른 원고를 책답게 만들어주신 학교도서관저널 편집팀, 응원해주신 친척, 지인 및 선생님들, 함께했던 제자들, 바쁜 남편을 이해해주며 든든히 내조해준 고마운 아내 빛나라, 부모의 삶을 알게 해준 딸 채민, 아들 하민, 존경할 수밖에 없는 삶을 보여주며 늘 사랑을 주신 어머니. 지금의 저를 만든 모든 만남과 부딪침에 감사합니다.

차례

→ 여는 글   05

1. 실패를 줄이는 학급 활동 기본원칙

교사에게 기획이란?   14
학급 활동의 아이디어는 어디서 얻을까요?   31
아이디어를 활동 기획으로 바꾸기   34

2. 알아두면 쓸모 많은 월별 학급 활동

- **3월**
  - **활동 01**   첫 만남, 첫 인사   41
  - **활동 02**   게임으로 이름 익히기   45
  - **담임 선생님을 위한 팁** 조금 특별한 기초조사서 | 10분 상담   47
  - **활동 03**   오늘의 글 생각 적기   50
  - **활동 04**   임원 선거: 우리는 이런 임원을 원합니다   54
  - **활동 05**   급훈 정하기: 우리는 이런 반을 원합니다   56
  - **담임 선생님을 위한 팁** 우주 사진으로 기념하는 특별한 생일 축하   57
  - **활동 06**   속마음을 전하는 학부모 총회   59

- **4월**
  - **활동 07**   소통을 위한 테스트   63
  - **활동 08**   지필평가 맞춤형 활동: 계획, 복기, 응원, 협력   66
  - **담임 선생님을 위한 팁** 이색 단체 사진 찍기   73

- **5월**
  - **활동 09** 우리의 유년 시절   76
  - **활동 10** 어버이날 미션   78
  - **활동 11** 가족을 다시 생각합니다   81
  - **활동 12** 감사는 '표현'해야 합니다   84
  - **담임 선생님을 위한 팁** 학생들이 제시하는 '오늘의 종례 멘트'   86

- **6월**
  - **활동 13** 우리가 만난 지 100일   89
  - **활동 14** 책을 읽읍시다   92
  - **활동 15** 습관 프로젝트   95
  - **활동 16** 시험 응원: 학부모 편   105
  - **활동 17** 기말고사 문제 품앗이   109

- **7월**
  - **활동 18** 스파게티 챌린지   114
  - **활동 19** 슬기로운 방학생활   117

- **8월**
  - **활동 20** 나의 방학 생활 글쓰기   123
  - **활동 21** 내 영혼의 독립운동가   126

- **9월**
  - **활동 22** 시험 응원: 서로서로 편   129
  - **활동 23** 만난 지 200일, 남은 날 100일   132

- **10월**
  - **활동 24** 한글날 맞춤법 도전 136
  - **활동 25** 무한도전 139
  - **활동 26** 체험학습 미션 141
  - **활동 27** 이유없이 사랑하는 것들의 목록 145

- **11월**
  - **활동 28** 마지막 시험 응원 147
  - **활동 29** 조금 특별한 칭찬 150
  - **활동 30** 반 로고 만들기 152

- **12월부터 마무리까지**
  - **활동 31** 3월의 우리, 12월의 우리 154
  - **활동 32** 100문 100답 156
  - **활동 33** 모두에게 모범상을 160
  - **활동 34** 크리스마스 교실 꾸미기 163
  - **활동 35** 우리 반 연말 행사 167
  - **활동 36** 예정된 이별, 마지막을 위한 준비 172
  - **활동 37** 졸업식과 종업식 183
  - **담임 선생님을 위한 팁** 제자, 잘 부탁드립니다 185

3. 학급 활동 프로젝트

신新 마니또: 들키지 않는 재미　188
학급 게임: 게임은 언제나 옳다　206
단합, 단합, 단합! 학급 단합 프로젝트　216
친구야 사랑한 day!　232

→ 닫는 글　238

1. 실패를 줄이는 학급 활동 기본원칙

여기 소개하는 활동은 대부분 중학교에서 시도한 것들입니다. 이 책을 읽으시는 선생님들은 지역, 학교급, 환경, 학생 등 여건이 모두 다르기 때문에 제시된 기획들을 상황에 맞게 적절하게 수정하여 적용하시기 바랍니다.

학급 활동을 고민하시는 선생님들에게 저는 당당히 저질러 보라고 말씀드리곤 합니다. 학생들이 잘 참여해주면 좋고, 기대한 만큼 결과가 나오면 기쁘겠지만, 학급은 생각보다 만만하지 않습니다. 그럼에도 불구하고 '기꺼이' 해보는 겁니다. 최선을 다하되, 구걸하지는 마세요. 선생님은 변화의 씨앗을 줄 뿐이지, 그것을 받아들이고 싹을 틔워 결실을 맺는 것은 학생에게 달려 있습니다.

교사에게 기획이란?

'기획'이라는 말은 좀 어렵고 거창하게 느껴지기도 합니다. 사전에서는 기획을 '일을 꾀하여 계획함'이라고 정의합니다. 어떤 특정한 목적을 가진 아이디어를 제안하고 실현하는 것이죠. 그렇다면 교사와 기획은 어떤 관계가 있을까요? 한마디로 선생님이 제시하는 모든 것이 기획이라고 할 수 있습니다. 오늘 조회 때 어떤 이야기를 할까, 이번 수업은 어떻게 할까, 인성교육을 어떻게 해야 학생들이 달라질 수 있을까, 시험이 끝났는데 학급에서 어떤 활동을 해볼까 등 교사가 고민하고 결정하고 준비하고 실행하는 것들 중에 기획이 들어가지 않는 것은 거의 없습니다. 이렇듯 교사는 매일매일 기획하는 기획자입니다.

저는 학급에서 담임이 해야 하는 역할 중 하나가 학생들에게 기억될 순간을 만들어주는 것이라고 생각합니다. 실제로 학급의 특별한 순간은 대부분 담임에게 달려 있습니다. 학급 활동은 계획뿐 아니라 실행과 정리까지 이루어졌을 때 비로소 완결됩니다. 이 전체 과정을 조율하면서 담임의 기획력과 아이디어를 발견하는 안목이 키워지게 되고, 그렇게 쌓인 좋은 기획들은 학급경영을 돕는 든든한 무기가 됩니다.

학급 활동은 꼭 해야 하는 것도 아니며, 누가 등 떠밀고 강제할 수 있는 것도 아닙니다. 누구나 할 자유가 있듯이, 안 할 자유도 있습니다. 하지 않는다고 해서 처벌의 대상이 되지 않으며, 교사에게 강요하는 일이 되어서도 안 된다고 생각해요. 그러나 학급 활동은 어떤 열매를 내놓을지 모르는, 가치를 품은 씨앗을 뿌리는 것과 같습니다. 그 씨앗들이 성공적으로 싹 틔우고 자란다면 그만큼 학생들의 삶에 의미 있게 기억될 순간들이 쌓여갈 것입니다. 이는 궁극적으로 우리 교사 자신에게 도움이 됩니다. 학생들에게 어떤 순간을 만들어 주는 담임이 될지 생각해보세요. 학생과 교사가 모두 성장하는 기회, 학급 활동을 놓치지 마시길 바랍니다.

원칙 01 **타이밍이 중요해요**

학급의 한해살이는 엄밀히 따지면 1년이 아닙니다. 3월 2일에 만나 대략 12월~이듬해 1월이면 마무리됩니다. 만나는 날은 더 적습니다. 1년의 수업일수는 대략 190일 정도이며 한 학기가 약 20주, 1년이면 40주 정도입니다. 매주 꼬박꼬박 활동을 한다고 가정해도 40개 정도의 기획이면 1년을 보내는 데 너끈합니다. 학교의 공식적인 행사와 시험 기간을 제외하면 활동이 가능한 날은 생각보다 많지 않습니다.

지금 계신 학교의 학사일정을 잠시 살펴볼까요? 1년의 흐름을 볼 때 첫 만남, 정기고사 전후, 학부모 총회, 어버이날, 스승의날, 교외 체험 활동, 체육대회, 축제, 크리스마스, 종업(졸업) 같이 일정이 정해진 날에는 활동을 미리 기획할 수 있죠. 그 활동에 더하여 학사일정의 빈 공간을 채우는 일은 담임의 능력에 달려 있어요. 이것이 학급살이를 좌우하는 중요한 요소이며 담임의 '재량'이 드러나는 부분입니다.

학급 활동에는 적절한 때가 있기도 합니다. 그러다 보니 그 시기성 때문에 급하게 기획하고 어느 때는 완성이 덜 된 채로 진행하는 활동도 있습니다. 예를 들어, 2022년 추석 명절엔 100년 만에 완전한 둥근달이 떴으며, 이를 놓치면 38년 뒤에나 볼 수 있다는 뉴스가 있었습니다. '○○년 만에'라는 특수성은 지금이 시도할 좋은 기회임을 알려줍니다. 학급에 '100년 만의 둥근달 긴급 미션'을 줍니다. 강제성은 없는 미션이지만, 함께 참여하고 소통하다 보면 서로 소중한 기억을 공유하게 됩니다. 당시에 교사 단톡방에도 이 기획을 공유했는데, 그걸 본 한 선생님은 졸업생들에게 명절 잘 보내라는 안부와 함께 깜짝 미션 이벤트를 실시해 큰 호응을 얻었다고 전해주었습니다.

긴급 미션: 100년 만의 둥근달

100년 만에 찾아온 완전한 달을 기념으로 남겨보자. 미션 사진을 쌤에게 보내주세요.

미션 1. 달을 배경으로 하는 사진
미션 2. 달과 같이 찍은 내 사진

원칙 02) 적극적으로 의견을 요구하세요

저는 학생들에게 의견을 자주 구하는 편입니다. 학급 일이니 학급의 구성원 모두가 같이 고민하고 의견을 내야죠. 의견은 쪽지로 받기도 하지만, 정리와 기록의 편리함 때문에 주로 온라인으로 받습니다. 구글 시트와 같은 온라인 양식을 한 번 만들어 놓으면 매년 조금씩 수정하면서 활용할 수 있습니다. 첫 만남에 쓰는 기초조사서에서부터 시작해 수시로 의견을 받으며, 활동을 마친 뒤에도 받습니다. '어떤 활동을 하고 싶은가요?' '어떻게 하고 싶은가요?' '이 활동은 어땠나요?'

의견을 물어보면 참신한 아이디어가 많이 나올까요? 안타깝게도 그렇지는 않습니다. 대부분 비슷비슷한 의견을 제시합니다. 예를 들면 놀기, 영화 보기, 과자파티, 마니또, 단합 같은 것들입니다. 학생들도 학급 활동을 많이 해본 것이 아니므로 담임이 먼저 활동을 보여주고 이끌어주는 것이 필요합니다.

의견을 받는 또 다른 이유는 선생님에 대한 긍정적인 이미지를 심어주기 위해서입니다. 담임 선생님이 학생들과 무언가를 함께 하고 싶어 하고, 독단적으로 결정하지 않으며, 학생들의 의견을 존중한다는 것을 느끼게 되거든요. 이러한 마음은 향후 활동에서 협조적인 태도로 연결됩니다. 아주 사소한 의견이라도 기억해두었다가 반영하거나 지나가며 슬쩍 언급하는 것만으로도 교사를 향한 학생의 신뢰도는 높아집니다.

가끔 번뜩이는 아이디어가 나오기도 합니다. 그럴 때는 의견을 낸 학생을 따로 불러 직접 기획해볼 기회를 주어도 좋습니다. 활동을 제안하고 기여자가 되는 것은 학생에게 공동체의 소속감도 높이고, 삶의 태도를 바꾸는 계기가 될 수도 있습니다.

예를 들어 마니또를 하자는 의견은 매년 나오는데 이상과 현실의 거리감이 커서 막상 해보면 흐지부지 끝나는 경우가 많습니다. 이때 제안한 학생에게 약간의 책임을 맡기면 성공 확률을 높일 수 있습니다. 저도 마니또 의견을 준 두 명의 학생에게 미션의 아이디어를 내보라고 했더니 기특하게도 친구들과 이야기를 해보고 의견을 정리해서 보내왔습니다. 제시된 아이디어를 모두 반영할 수는 없겠지만, 이 학생들에게 교사가 해줄 수 있는 보상이 하나 있습니다. 생기부에 뻔하지 않은 한 줄을 적어주는 것이지요. '마니또 학급 활

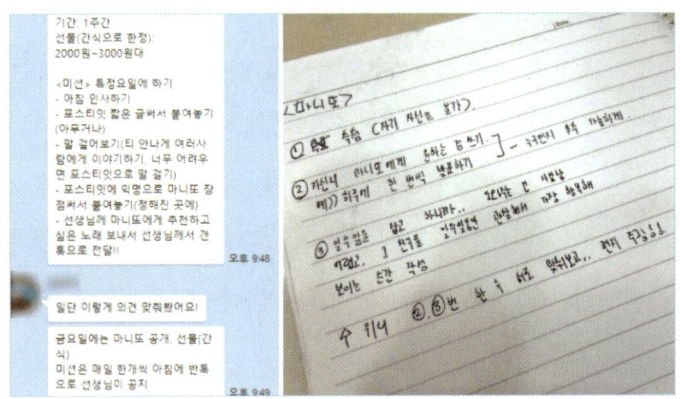

학생들에게 활동 아이디어를 직접 구상해보는 기회를 준다.

동의 아이디어를 제안하고 기획하여 학급의 친목을 이루며 활기찬 학급 분위기를 만들어가는 데 큰 기여를 함'.

원칙 03 기대하되, 기대하지 마세요

참 이상한 말이죠? 활동은 학생들의 긍정적인 반응을 기대하며 준비하는 것인데, 기대하지 말라니…. 정성과 노력이 들어갈 수밖에 없는 활동이기 때문에 기대가 생기는 것은 자연스럽습니다. 그런데 이 기대 때문에 오히려 상처를 받게 됩니다. 100을 준다고 해서 100이 돌아오는 경우는 거의 없습니다. 50 정도가 오면 성공이고, 20이 올 수도 있다 생각하는 게 마음 편합니다. 오히려 안 하느니만 못한 결과가 생기기도 하는데, 그런 경험은 오랫동안 선생님을 흔들어 놓게 됩니다. 담임이 먼저 무너져버리면 올해만 어떻게든 넘겨보자는 생각으로 방학과 내년 새 학기만 기다리게 됩니다. 이 상태로는 활동을 기획할 수 없으니 학급 활동은 멈추게 됩니다.

학급은 생각보다 만만하지 않습니다. 하나의 학급이지만 정말 다양한 학생들이 있으며, 학생 한 명당 하나의 세상을 가지고 있어요. 선생님의 생각만큼 반응해주지 않습니다. 단 한 명이 던지는 부정적인 한마디, 예의 없는 태도 한 번이 온종일 머릿속을 헤집은 경우도 다들 있으실 겁니다. 주말에도 그 생각이 훅 찾아 들어와서 마음이 힘들 때가 있었습니다. 정작 그 학생은 자신의 행동에 반성도 없고 고민도 하지 않는다는 것이 문제죠. 가끔씩 자신에게 이런 질문을 던지게 됩니다. '아, 왜 몰라주지? 다 부질없는 거 아닌가? 이렇게 해주는 것이 맞는 걸까?' 담임을 잘 따라오는 반을 만나도 가끔 이런 생각이 들 수 있는데, 아침마다 출근하기 싫어질 만큼 문제가 수시로 생기는 학급에서는 오죽하겠습니까.

제가 교직에 처음 발을 들였을 때 교감선생님이 해주신 말을 지금도 기억합니다. "선생님, 교육은 구걸하는 게 아닙니다." 맞습니다. 구걸할 필요가 없습니다. 우리는 제시할 뿐입니다. 이를 따르냐 아니냐, 경험을 얻느냐 마느냐는 온전히 학생들의 몫입니다. 제가 감히 드릴 수 있는 단어는 '기꺼이', '그럼에도 불구하고' 두 가지입니다. 기꺼이 하시고, 그럼에도 불구하고 해보세요. 선생님을 따르는 단 몇 명의 학생들을 봐서라도 해보세요. 정성을 주는 만큼 달라지는 학생들은 분명히 있습니다. 그 학생들에게 에너지를 투자하세요. 선생님을 힘들게 하는 부정적인 학생이 끝까지 달라지지 않은 채로 마무리될 수도 있습니다. 어쩌겠어요. 괜찮습니다. 그 학생이 변할 때가 아직 오지 않은 것일 뿐이죠.

원칙 04 결과를 예단하지 마세요

해볼 만하다 싶은 것이 떠오른다면, 꼭 시도해보세요. 활동을 위한 완벽한 준비라는 건 없습니다. 완벽하게 하려다 다 놓칩니다. 하고 싶은 마음이 생길 때까지 너무 오랜 시간 기다리지 않으셨으면 합니다. 무력감을 극복하는 가장 좋은 방법은 생각하는 게 아니라 움직이는 겁니다. 이 책에 소개된 활동 중 분명히 해볼 만한 것이 있을 겁니다. '해볼 만한데?'라는 마음이 들면 가능성이 있는 겁니다.

교사를 시나리오 작가, 학생을 연기자라고 생각해보면 어떨까요. 제시된 시나리오가 좋을 수도 있고 별로일 수도 있습니다. 연기자가 발연기를 보일 수도 있고 명연기를 보일 수도 있습니다. 결과는 학생들이 만들어내는 것입니다. 학생들이 활동하는 가운데 즐거움과 의미가 자연스럽게 만들어집니다. 그걸 경험하게 되면 시간과 노력이 들어가도 계속하게 됩니다. 담임이란 그런 거죠.

시작하기도 전에 활동의 결과를 미리 단정 짓지 마세요. 해보기 전에 드는 생각은, 그저 생각일 뿐입니다. 한번은 인터넷에 떠도는 난센스 퀴즈가 재밌어 보여 단합시간 게임 활동으로 해봤더니 반응이 좋았습니다. 그 성공에 힘입어 이듬해에 다시 했는데 이번에는 별로다, 문제가 어이없었다는 등의 부정적인 피드백이 많이 나왔습니다. 또 다른 예로, 교실에 크리스마스 장식을 한 적이 있습니다. 눈 모양 종이 오리기와 크리스마스 트리 색칠하기 재료를 준비하면서, 학생들이 유치하다고 싫어하거나 반응이 시원찮으면 어떡하나 걱정했는데 막상 해보니 학생의 참여도와 결과물 모두 매우 훌륭했습니다. 이렇듯 예측과 실제는 얼마든지 달라집니다. 해봤는데 잘 안 되면 어떻습니까? 이 활동의 실제를 경험했으니 부족한 부분을 개선해서 다시 하면 되죠.

원칙 05   의외의 즐거움을 노리세요

활동은 어떻게 제시하는가도 중요합니다. 사전에 알리고 준비하는 기간이 필요한 활동이 있습니다. 예를 들어 다양한 프로그램이 진행되는 학급 단합 활동이 그렇죠. 사전 준비가 많이 필요하고 그것을 준비하는 과정 자체가 공동체의 의미를 만들어가는 기회가 되기도 합니다. 마니또처럼 매일매일 미션을 제시하는 활동도 있습니다. 당일 정해진 시간에 미션을 알려주면서 미션을 기다리는 설렘을 주기도 합니다.

제가 활동에서 자주 쓰는 전략은 '의외성'입니다. 뜬금없이 해서 의외의 즐거움을 주는 것이죠. 별다른 예고도 없이 갑자기 게임을 진행할 때도 있습니다. 점심시간에 난센스 퀴즈 게임을 하기도 하고, 추첨으로 행운의 주인공을 뽑아 선물을 안겨주기도 합니다. 이런 의외성이 지루하게 반복되는 일상에 작은 활력을 불어넣기도 합니다. 깜짝 활동을 꾸준히 제시하다 보면, '선생님이 이번 주엔 어떤 것을 하시려나?' 은근히 기대하게 되고, 선생님의 수고를 알기에 다소 귀찮게 보여도 선생님을 봐서라도 잘 참여하게 됩니다. 의외성은 순간적으로 지나치는 아이디어를 활동으로 기획할 때 많이 드러납니다.

원칙 06 번거로움을 줄이고 도움을 청하세요

활동의 참여율을 높이려면 학생들이 번거롭게 느낄 만한 요소를 최대한 줄여야 합니다. 한마디로 '저항'을 줄여야 해요. 설명이 복잡하거나 과정이 번거롭게 느껴지면 학생들의 참여율을 높이기 어렵습니다. 단지 클릭 몇 번만 하면 되는데도 안 하는 학생이 있습니다. 그러니 최대한 간편하게 할 수 있도록 활동을 기획하고 명확하게 안내해야 합니다. 예시를 보여주면 기대하던 것에 근접한 결과물이 나오는 데 도움이 됩니다. 그리고 노력에 비해 결과물이 만족스러우면 다음에도 잘 참여합니다.

담임은 학급만 책임지는 것이 아니라 교과 수업도 해야 하고, 부서 업무도 해야 합니다. 거기에 활동까지 하려면 힘들 수밖에 없습니다. 준비에 정성을 쏟다 보면 퇴근 시간을 넘기는 경우도 종종 생깁니다. 작업은 최대한 효율적으로 해내는 최적화 과정이 필요해요. 편집, 인쇄, 자르기, 코팅하기, 붙이기 등 자주 하는 작업일수록 어떻게 하면 빠르게 마무리할 수 있을지를 생각하며 조금씩 개선하면 그 자체로 소소한 성취감을 맛볼 수 있습니다.

 활동하다가 작업 일손이 필요할 때는 정확히 지목하고 명확히 요청하는 것이 좋습니다. 임원들은 물론, 학급 활동을 하면서 자연스럽게 생기는 핵심 지지층, 이른바 팬덤의 학생들도 큰 도움이 됩니다. 다만 그 대상이 몇몇 학생들로 한정되다 보면 담임이 편애한다는 오해를 받을 수도 있으니 가끔은 평소 눈에 잘 띄지 않는 학생들을 일부러 지목해 도와달라고 해보세요. 누가 해도 문제 없는 간단한 일은 번호순대로 시킬 수도 있습니다. 또 손길이 좀 필요한 일은 아예 작업조를 짜서 운영하는 것도 좋은 방법입니다. 담임보다 학생들 관계를 잘 파악하고 있을 임원들의 도움을 받아 친한 학생 서너 명씩 조를 이루어 돌아가며 참여하게 합니다. 이렇게 하면 특정 학생들에게 일이 몰리지 않고 학생들도 고루 일머리를 키워갈 수 있습니다. 일은 반 모두가 함께 하는 것이라는 인식이 필요합니다.

 학생에게 참여해달라는 요청은 교사에게만 좋은 것이 아닙니다. 학생에게 기여의 기회를 주는 것이고, 기여했을 때 느끼는 성취감과 보람은 학급의 소속감을 키우는 데 도움이 됩니다. 선생님 혼자 다 감당하면 지칩니다. 교사가 먼저 지치면 기획이나 활동의 가능성은 닫힙니다. 학급 구성원이 최대한 움직이게 하는 것도 담임이 갖추어야 할 지혜이고 능력입니다.

원칙 07 학급 활동 시 출몰하는 '빌런' 대처법

교사가 자기 시간과 에너지를 써가며 준비한 학급 활동이라고 해도 모든 학생이 다 긍정적인 반응을 보이지는 않습니다. '이런 거 왜 해요?' '이거 꼭 해야 해요?' '제가 왜 해야 하는데요?' '야, 이거 재미없어. 이게 뭐야.' '야, 이거 별로이지 않아?' '저는 안 할 건데요?' 등의 말로 분위기를 흐리는 학생들이 있습니다. 무관심과 무반응, 부정적인 분위기 조성, 활동 훼방 등 학급 활동의 '빌런'들이 보이는 태도는 다양합니다. 교사 입장에서는 속상하고 화도 납니다.

정답이 따로 있는 것은 아니겠지만, 저의 대응은 '모두를 소홀히 대하지 않는 태도를 보여주자.'입니다. 이는 담임에겐 하나의 안전장치가 되기도 합니다. 비협조적인 반응을 보이는 학생을 따로 불러내어 '선생님 생각은 이러이러하다. 네가 참여해주면 좋겠고 너와 함께하고 싶은데 강요할 수는 없으니 그 결정은 네가 해라.' 정도로만 말하고 마무리합니다. 만약 하고 싶지 않다고 하면, 그 의견을 존중한다고 말하고 그냥 둡니다. 여기서 중요한 점은 그 학생이 그냥 하지 않은 것이 아니라 선생님과 협의를 통해 하지 않기로 결정했다는 것입니다. 그러면 학생 입장에서는 내가 참여하지 않은 것이지 담임이 나에게 소홀히 한 것은 아니라는 인식을 갖게 됩니다. 이는 아들러 심리학에서 말하는 '과제의 분리'와도 관련이 있습니다. 자신의 과제와 타인의 과제를 분리하는 것입니다. 물을 먹이기 위해 물가로 데려가는 역할까지가 담임의 과제이고, 그곳에서 물을 먹는 것은 학생의 과제입니다. 억지로 물을 떠먹이는 것은 학생의 삶을 침범하는 것입니다. 우리가 해줄 수 있는 좋은 교육은 자신이 선택한 행동의 결과를 확인하고 책임지게 하는 것입니다. 이것을 이해하면 화를 덜 내게 됩니다. 물론 단순히 참여하지 않는 것을 넘어 다른 학생의 활동을 방해한다면 이는 허용할 수 없다고 확실히 말해야 합니다. 친절하면서도 단호하게요.

졸업을 앞두고 롤링페이퍼 활동을 한 적이 있습니다. 온라인으로 받았는데 한 학생이 계속 안 써주었습니다. 관계가 어렵지도 않았고 문제가 있는 학생도 아니었어요. 몇 번 이야기했는데 계속 알겠다고 대답만 하더니 끝내 안 썼습니다. 어쩔 수 없죠. 지치게 하는 학생들에게 에너지를 더 많이 쏟는다고 달라지진 않았던 것 같아요. 내가 쓸 수 있는 에너지는 한정되어 있습니다. 내가 에너지를 쏟아야 할 곳이 어디인지 잊지 말아야 합니다. 일부 학생의 부정적인 반응을 잘 끊어내고 더 많은 학생들에게 에너지를 쓰는 것이 필요합니다.

원칙 08 때론 생색도 필요합니다

학생들에게 정성을 기울일 때는 불편하지 않은 정도의 생색을 내는 것이 좋습니다. 그래야 담임의 노력과 수고를 가볍게 여기지 않습니다. 너무 무겁지 않게 전달하는 것도 요령입니다. 예를 들어 지필평가 기간에 간식을 포장하고 응원하는 마음을 담은 문구를 붙여서 주었는데, 쉬는 시간에 교실에 가보니 문구가 바닥에 굴러다니고 쓰레기통에 찢겨 버려져 있습니다. 마치 교사의 마음과 정성이 버려진 느낌이 듭니다. 이런 상황을 예방하기 위해 저는 미리 말해둡니다. "설마 이거 쓰레기통에 버리는 사람은 없겠지? 너희 시험 준비로 고생하는 것 같아 선생님이 학교에 늦게까지 남아 열심히 만든 것이니, 버리고 싶더라도 예의상 집에 가서 버리자. 바닥이나 쓰레기통에서 보면 선생님 속상하다." 그러면 아무래도 쉽게 버리지 못합니다. 차마 버리지 못하도록 정성을 더하는 방법도 있습니다. 응원 쪽지에 학생의 이름을 넣고 코팅까지 하는 것입니다.

학생들에게 작든 크든 받은 것에 감사를 표현하라고 수시로 말해주세요. 감사는 돈 한 푼 들지 않으면서 자신의 가치를 높이는, 꼭 가르쳐야 할 중요한 태도입니다. 제가 감사의 중요성을 이야기했더니 매번 무언가를 해줄 때마다 제 앞까지 와서 감사를 표현해주는 학생이 있었습니다. 이런 태도가 담임에겐 보상이죠. 그 마음이 고마워 저도 고맙다는 마음을 메시지로 전달했습니다.

깜짝 이벤트처럼 학생 몰래 진행하는 것이 아니라면 담임의 노력을 학생들이 '보게' 해야 합니다. 예를 들어 활동의 결과물을 붙이는 것도 학생들이 있을 때 하세요. 행동이 말보다 효과가 큽니다. '학생들이 선생님의 수고를 알아줄 거야.'라는 생각은 착각에 가깝습니다. 그리고 활동을 진행하며 가졌던 고민, 어려움, 아쉬웠던 점을 어느 정도 표현하세요. 말해줘야 압니다. 준비하는 사람이 아니면 이것이 얼마나 번거롭고 노력이 필요한지를 모릅니다. 힘듦을 표현하는 건 나약함을 드러내는 것이 아닙니다. 표현하세요.

원칙 09 기록을 꼭 남기세요

저는 활동이 끝나면 공식적인 마무리의 의미를 담아 단체 사진을 찍고 학생들에게 활동에 대한 피드백을 받습니다. '표현'은 우리가 잊지 말고 교육해야 하는 부분입니다. 학생들이 자기 생각을 표현할 기회를 자주 만들어주세요. 사진이나 영상을 찍고 활동 소감이나 생각을 적다 보면 활동 과정을 다시 돌아보게 되고 자신에게 어떤 의미가 있었는지 정리할 수 있습니다. 기록된 생각은 활동을 개선하고 다음 기획의 재료가 되기도 합니다. 교사도 학생을 더 깊게 이해하게 되며 생기부 기록에도 참고할 수 있어 좋습니다. 단합 활동이나 마니또 같이 규모가 있는 활동은 끝난 후 다음 날 받는 것을 권합니다. 방과 후에 받으면 나중에 따로 확인해야 해서 자투리 시간이나 다 모여 있을 때 쓰게 하면 편합니다. 자잘한 활동은 전체 피드백을 받기보다는 임원 등 몇몇 학생에게 물어보는 것으로 충분합니다.

활동이 흐지부지하게 되었더라도 마무리가 없는 것은 좋지 않습니다. 담임은 활동의 마침표를 찍는 사람입니다. 갑작스럽게 문제가 발생하는 등 더 이상 진행이 안 되겠다는 판단이 들면 먼저 어떤 상황인지 학생들에게 이야기를 꼭 해주세요. 그래야 불필요한 오해가 없고, 신뢰가 떨어지지 않습니다.

어느 선생님의 블로그를 보고 새 학기 초에 좋은 글을 필사하고 하루의 생각을 적는 노트 활동을 시작한 적이 있습니다. 의도는 좋았지만 노트를 걷을 때가 되어서야 급히 쓰는 학생들이 많았고, 한 명 한 명 답글을 적어주는 일도 생각보다 품이 많이 들었습니다. 고민하다가 학생들에게 제 생각을 솔직히 이야기하고 마무리 날을 정해 그날까지 하고 끝냈습니다. 그대로 활동을 멈추기에는 아쉬움이 계속 남아 2학기에는 온라인 방식으로 바꾸어서 다시 시도했습니다. 부담이 줄어들자 어느 정도 성공적으로 마칠 수 있었습니다. 활동은 이렇게 실험을 해보면서 개선됩니다.

원칙 10 기획을 공유하고 기꺼이 나누세요

열심히 학급 활동을 하다 보면 아무래도 좀 불편해하는 동료 선생님을 만나기도 합니다. 자기도 모르는 사이 '우리 옆 반 담임이 아니었으면 하는 선생님'이 되었을 수도 있고요. 저 역시 환송식 자리에서 한 선생님이 자기 반 학생들한테 자꾸 비교당해 좀 불편했었다는 이야기를 들은 적이 있습니다. 그러나 그 선생님은 당시 신경 쓸 여력이 없었던 상황이었음을 알았기에 그 말을 듣는 제 마음이 불편하지는 않았습니다. 그분도 최선을 다하셨던 거예요.

저는 학생들에게 이렇게 말합니다. '내가 아직 뭔가를 하고 싶고, 할 수 있는 조건에서 너희를 만나서 다행이다.'라고요. 하고 싶어도 못 할 때가 있고, 아무것도 하고 싶지 않은 때도 있을 테니까요. 담임은 1년짜리 시한부 계약과도 같습니다. 나중의 후회를 줄이기 위해 주어진 상황에서 할 수 있는 최선을 다할 뿐이죠.

　잘 기획된 활동은 학급경영에서 종종 유용하고 든든한 무기가 됩니다. 주어진 시간을 의미 있게 보낼 수 있는 활동 아이디어가 있다면 덜 두렵습니다. 이 유용한 무기를 혼자만 알고 있기보다는 선생님들과 적극적으로 나눠보세요. 사실 공유는 쉽지 않습니다. 고생해서 만든 건데, 다른 선생님이 먼저 해버리면 어떡하지 걱정되기도 하고요. 그러나 공유는 실보다 득이 많습니다. 선생님들과의 의견 교환으로 기획의 질이 높아지며 집단지성의 힘을 경험하게 됩니다. 예를 들어 제가 하던 '시험 기간 부모님들로부터 응원의 메시지 받기' 활동을 직접 해본 동료 선생님으로부터 반 학생들끼리 서로 응원하는 것도 좋겠다는 의견을 듣고 또 다른 응원 활동을 기획할 수 있었습니다. 또, 학급에서 마니또 활동을 하고 다른 선생님에게 공유했을 때는 제가 가진 것보다 더 멋진 결과물을 만들 수 있는 편지틀이나 새로운 미션 방법의 아이디어를 얻기도 했습니다. 그 덕분에 2학기에도 마니또 활동을 다시 한번 진행하며 기억될 순간을 한 번 더 가질 수 있었습니다. 각자 알고 있는 재미있는 테스트 정보를 함께 나누기도 합니다. 이렇듯 공유의 힘도 직접 해보지 않으면 확인할 수 없습니다. 혼자 고민하면 힘들잖아요. 같이 고민하고 함께 준비하면 학급만이 아니라 학년 전체의 분위기를 바꿀 수 있습니다.

학급 활동의 아이디어는 어디서 얻을까요?

학급 활동을 하고 싶어도 아이디어나 정보를 어디서 얻을지 막막해하는 선생님들이 많습니다. 먼저 해볼 수 있는 방법은 학생들에게 물어보는 것입니다. 괜찮은 아이디어를 내는 학생이 있다면 따로 불러서 구체적인 방안에 대해 이야기를 나눕니다. 제안한 학생에게 간단한 활동 기획서를 제출하도록 권해보는 것도 좋습니다.

학급을 자주 살펴보는 것도 큰 도움이 됩니다. 남자 중학교 2학년 담임을 맡았을 때였습니다. 어느 날 반에 가보니 교실 앞뒤에 옹기종기 모여서 공기놀이를 하고 있더군요. '남학생들이 공기를?' 저의 편견을 깨는 아이들의 모습을 기분 좋게 바라보다가 내친김에 대회를 열어보는 건 어떨까 생각했어요. 지원자를 받아 토너먼트 방식으로 스피드 게임을 진행했는데, 반응이 꽤 좋았습니다. 그리고 큐브를 다루는 학생들이 많아지는 것을 보고 반 대항 큐브 대회를 열기도 했습니다. 그저 비공식 게임이었지만 예선을 통해 2학년 대표 5명, 3학년 대표 5명이 선출되었고, 누가 먼저 맞출지 겨루는 결선 대회가 긴장감 넘치는 분위기 속에 열렸습니다. (그 덕분인지 다음 해에 큐브 동아리가 생겼다고 하더군요.)

때로는 학생의 꿈이나 취미에서 아이디어를 얻기도 합니다. 마술사가 되고 싶어 하던 한 학생에겐 학급 조회 시간 10분을 내주어 마술쇼를 진행하게 했습니다. 관람 후 친구들은 소감과 의견을 적어주었고요. 학생은 무대의 기회와 의견을 얻었고 반 친구들은 재미나게 관람했으니 모두가 좋은 것이죠. 교실을 자주 둘러보세요. 보이는 게 있을 겁니다. 스쳐 지나가는 생각을 붙잡고 결과물을 만들어 보세요.

교사들의 블로그나 커뮤니티는 구체적인 활동 사례를 얻기에 좋습니다. 교사 단체 채팅방에 질문을 올려 답변을 구해보세요. 좋은 정보들이 공유되고 있습니다. 제가 운영하는 '장쌤의 블로그'를 활용하셔도 됩니다. 공유받은 활동 경험은 기획의 수고를 덜어줍니다.

〈1박 2일〉, 〈무한도전〉, 〈런닝맨〉, 〈신서유기〉 같은 여러 예능 프로그램에서 나오는 미션이나 활동은 모방하기 좋은 아이디어죠. 인스타그램에서 게임 아이디어를 얻기도 하고, 유튜브에서 강연을 듣다가 영감을 얻기도 합니다. 저는 다음 카페 앱의 인기글도 즐겨 봅니다. 요즘 관심 분야, 유용한 정보, 좋은 글을 보다가 학급 활동의 아이디어를 얻을 때가 종종 있습니다. 우리가 보고 듣는 모든 것에서 아이디어를 찾을 수 있다 생각합니다.

학급 활동의 아이디어가 발견되거나 떠올랐다면 잘 모아두는 것도 중요합니다. 저는 카카오톡 '나와의 채팅'을 애용하는데, 링크를 복사하거나, 캡처한 것들을 나에게 보내고 해시태그 등으로 메모를 적습니다. 계속 자료를 저장해두면 그곳은 보물 창고가 됩니다. 1차로 모아둔 자료를 틈틈이 수업/학급/담임/이야기/개인 등으로 구분해 컴퓨터에 하나씩 폴더를 만들어 정리합니다. 당연한 말이지만, 쌓아둔 아이디어는 써봐야 비로소 내 것이 됩니다.

- 000내가한것들 보낸메시지
- 001 할만한 미니게임들
- 002 워드 클라우드
- 003 그림그리는 심리테스트
- 004 학급 복권만들기
- 005 급훈- 나, 남에게 피해주지말자
- 006 공동체활동- 협력 컵 쌓기
- 007 물놀이할때 할 게임
- 008 망하는 교실의 흐름
- 009 겹쳐서 그림 만들기
- 010 세줄일기
- 011 간식아이디어

컴퓨터에 폴더별로 정리한 활동 아이디어.

아이디어를 활동 기획으로 바꾸기

아이디어를 활동으로 기획한 예를 살펴보겠습니다. 어느 날 우연히 쓸모없는 웹사이트로 연결해주는 웹사이트를 알게 되었습니다. 매일 정보가 감당할 수 없을 정도로 쏟아지는 이 시대에 의미 없고 유용하지 않은 사이트라니, 그 역발상이 재미있었습니다. 버튼 하나만 누르면 다양한 웹사이트로 접속이 됩니다. 대략 83개 정도의 사이트를 무작위로 방문하게 됩니다. 저는 이것을 보며 학급 활동 아이디어 하나를 떠올렸습니다.

쓸모없는 웹사이트

쓸모없는 사이트 방문하기

1. 학급을 n개의 모둠으로 앉게 합니다.
2. 15분 정도 제한 시간을 두고 여러 사이트를 방문해보며 대화를 나누고 그중 인상 깊은 사이트를 발표 자료로 만들게 합니다. 발표 사진은 모둠별로 담임 선생님에게 보내고 선생님은 학생들이 모두 볼 수 있도록 작업합니다.
3. 모둠마다 선정한 사이트와 그 이유를 발표합니다.
4. 활동이 끝나면 학생들의 발표 내용을 정리해 게시판에 붙입니다.

이렇듯 별것 없어 보이는 정보라도 색다른 경험을 선사하는 활동으로 발전시킬 수 있습니다. 틀을 벗어난 다른 발상을 접하는 것은 학생들의 생각의 영역을 키우는 데도 도움이 됩니다. 의미 있는 순간은 우연히 찾아올 때까지 기다리는 것이 아니라 노력으로 만드는 것입니다. 이 책을 쓰고 있을 때, 의미 있는 순간을 많이 경험했던 반의 한 제자가 졸업 후 학교에 찾아와 전해 준 편지에 이런 말이 적혀 있었습니다.

다른 선생님들께는 "잘 가르쳐주셔서 감사합니다."라고 하지만, 선생님께는 "즐겁게 해주셔서, 소중한 추억을 만들어 주셔서 감사합니다."라고 말하고 싶어요. 감사합니다.

서로에게 즐겁고 소중한 추억으로 기억될 1년을 우리는 어떻게 만들어갈 수 있을까요? 이제 제가 시도했고 모색했던 활동들을 소개합니다. 지역, 학교급, 환경, 학생의 다양성에 맞게 적절히 활용할 수 있는 활동들입니다.

작업 결과물을 더 좋게 만드는 유용한 도구들

라운드 커팅기

코팅을 하고 자른 후 테두리를 다듬어줍니다. 세심한 정성을 들였다고 생색내기 좋습니다.

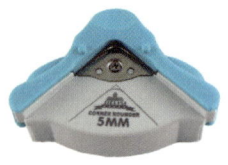

손코팅지

코팅기 없이 붙이는 방식입니다. 일반 코팅을 하면 테두리 부분에 조금 여유를 두고 잘라야 하는데, 손코팅지는 테두리에 여유를 두지 않을 수 있어 더 깔끔합니다. 엽서 크기 정도의 작업물을 많이 코팅할 때 유용합니다. 코팅할 용지가 두껍지 않으면 조금 흐물거리는 단점이 있습니다.

캘리그라피 사각 도장

사각 도장은 결과물에 고급스러운 느낌을 더해 줍니다. 인주로 찍는 것도 좋고 만년도장도 괜찮습니다. 편지, 인증서, 상장 등을 만들 때 유용합니다.

두꺼운 종이

학생들에게 출력물을 나눠줄 때 빳빳한 종이에 인쇄하면 좀 더 특별한 느낌을 더할 수 있습니다. 흰색 또는 미색지, 평량 180그램의 종이를 추천합니다.

OPP 비닐 접착 봉투

간식, 편지 등을 OPP 비닐 봉투에 담아서 주면 더 보기 좋습니다. 편지, 펜이 들어갈 정도의 크기를 추천합니다. 저는 몇백 개를 한 번에 사서 두고두고 씁니다.

2. 알아두면 쓸모 많은 월별 학급 활동

3월부터 시작되는 교사와 학생의 1년. 첫 만남부터 학년을 마치는 날까지 학사일정을 따라가다 보면 순식간에 지나가는 시간이기도 합니다. 학급살이에 맞게 해볼 만한 활동을 월별로 소개합니다. 제가 직접 해본 학급 활동 중에 준비나 과정이 복잡하지 않고 반응이 좋았던 활동들을 가려 뽑았습니다. 학급 활동의 긍정적인 반응은 교실에 활기를 더하고, 학생들에게 기억될 소중한 순간을 선사합니다.

3월

3월, 첫 단추를 끼우는 가장 중요한 시기입니다. 처음 교실에 들어가면 어색한 공기가 느껴지고, 학생들의 얼굴에는 긴장이 감돕니다. 안내할 것과 결정할 것들이 많다 보니 주어지는 업무 처리에 정신없는 때이기도 합니다. 하지만 학급의 시스템을 구축하는 동시에 소통하고 신뢰하는 반 분위기를 만들 수 있는 기회의 시간입니다. 우선 첫 만남부터 조금 변화를 줘볼까요?

첫 만남, 첫인사

담임의 자기소개

3월 첫 만남, 선생님은 어떻게 '첫인사'를 하시나요? 명함을 만들어 한 명씩 악수하며 나눠 주는 건 어떨까요? 명함에는 담임을 소개하는 한 문장과 한 해의 바람을 담습니다. 예를 들어, '올해 우리는 뻔하지 않은 1년을 함께할 거야.'와 같이 기대를 주는 한 문장을 넣습니다. 각 명함에 학생의 이름까지 넣어 준다면 학생에겐 좀 더 특별한 선물로 느껴질 것입니다. 이렇게 하면 학생들이 받은 명함을 함부로 버리는 일도 줄어들게 됩니다.

명함을 나눠준 다음, 안내 사항을 전달하고 기초조사서를 적게 합니다. 이날 첫 단체 사진도 찍습니다. 의자를 가지런히 놓고 차분한 분위기에서 찍는 것이 좋습니다. (첫날이니 웬만하면 교복을 잘 입고 올 것입니다.) 첫 만남을 사진으로 남기는 상징적인 순간입니다.

명함 만들기

명함 디자인은 '미리캔버스' miricanvas.com 의 템플릿을 활용하면 편리하게 디자인할 수 있습니다. 신용카드 크기로 적절하게 만들고 두꺼운 용지에 인쇄하여 자릅니다. 이름과 연락처만 넣기보다는 교사가 지향하는 가치와 바람을 짧게 담아보세요.

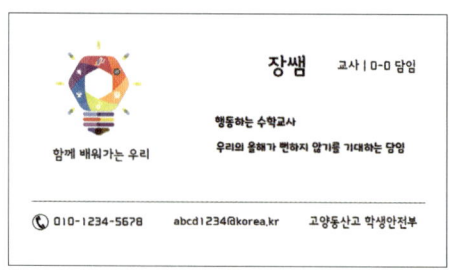

✈ '나는 이런 사람입니다.' 한 문장으로 표현하기

서로 잘 모르는 분위기 속에서 자기소개를 하는 일은 쉽지 않습니다. 나와서 발표해보라고 하면 소수 학생을 제외하고는 대부분 불편해하고 어려워합니다. 이럴 땐 자기소개 방법에 약간의 변화를 줘보세요. '나는 _____인 사람이다.'라고 한 문장으로 자신을 표현해보는 것입니다. 한 가수 경연 프로그램에서 이름 대신 '나는 _____ 가수다.'로 소개하는 것을 보고 떠올린 아이디어인데, 굳이 앞에 나오지 않고 자리에서 일어나 친구들을 보면서 해도 됩니다. 예시가 되도록 담임부터 먼저 이 방법으로 자기소개를 해보세요.

"쌤은 일찍 일어나고 생산적인 것을 좋아하며 행동하려고 노력하는 사람이야. 올해 잘 부탁한다!"

학생들은 '잘 웃는 사람' '활발한 사람' '리더십이 강한 사람' 등 각자 생각하는 특징을 한 가지 정해 자기를 소개합니다. 좀 더 독특한 예시를 보여주고 안내하면 개성 있는 문장이 훨씬 많이 나옵니다. 발표에 그치지 않고 학생들의 한 줄 자기소개를 교실에 게시합니다. 활동의 흔적을 오랫동안 접촉하게 하세요. 학급 활동의 결과물을 꾸준히 게시하는 것은 소통을 이어나가는 중요한 과정입니다. 교실에서 활동 결과물을 게시하기 좋은 공간은 ① **학급 게시판**(앞, 뒤 모두 게시), ② **개별 책상**(위쪽에 조그맣게), ③ **교실 안 사물함** 등인데, 자기소개는 개별 책상과 사물함 정도를 추천합니다. 지나가면서 한 번씩 읽어보게 되고, 각자 가진 이미지의 첫인상으로 서로에게 다가갈 수 있다는 장점이 있습니다.

한 줄 자기소개를 각자의 사물함 앞에 붙여주었다.

🔷 특별한 단어 조합해 표현하기

형용사와 명사로 자신을 표현하는 방법입니다. 유튜버 최이솔 님(@isolchoe)의 자료를 보고 자기소개에 적용해 본 것인데, 적절한 형용사와 명사를 골라 '나는 _____한 _____(이)다.'라는 문장을 완성하는 겁니다.

만드는 방법

① 나와 어울리는 형용사를 적습니다.

② 나와 어울리는 명사를 적습니다. 가족, 직업, 사물, 동물, 자연 등의 다양한 주제로 선택하게 합니다.

③ 형용사와 명사를 조합해 자신의 특별한 문장 3개를 만듭니다.

④ 왜 이 문장을 만들었는지 이유를 적고 대표 문장을 하나 정합니다.

예시 단어를 제시하면 학생들이 문장을 완성해야 하는 부담을 줄여줍니다. '나는 추진력 있는 구름이다. 나는 긍정적인 달이다. 나는 정의롭고 진취적인 마이크다. 나는 성실한 공책이다. 나는 행복한 나무늘보다. 나는 차분한 호수다.' 등 학생들이 적은 다양한 표현들을 편집해서 학급에 게시합니다. 사물함 같은 곳에 이름 대신 붙여두면 누구인지 호기심도 생깁니다. 학생들이 표현한 문장은 그 자체로 정체성을 보여주기 때문에 개별 상담에도 활용될 이야깃거리가 됩니다.

게임으로 이름 익히기

교사가 학생의 이름을 기억하고, 학생들이 친구의 이름을 기억하기 시작하면 이전의 거리감은 큰 폭으로 줄어듭니다. '퀴즈렛'quizlet.com 이라는 사이트를 이용해 이름 익히는 게임을 만들어보세요. 퀴즈렛은 보통 영어 교과에서 단어-뜻 짝 맞추기 활동에 사용하는 사이트인데, 단어 대신 학생 이름을 사용하면 됩니다.

만드는 방법

① 퀴즈렛에 회원가입 합니다.

② 상단의 '만들기'를 누르고 학습 세트를 고르세요.

③ 제목을 적절하게 짓고(예: 2-10 이름 익히기[남학생]) '단어' '뜻'에 학생의 이름을 똑같이 넣으세요. (예: 단어-장○○, 뜻-장○○)

④ 단어와 뜻 옆에 조그맣게 '언어 선택'이 보입니다. '한국어'로

설정하세요.

⑤ 한 세트의 단어 수는 10~15개가 적당해서 학급 인원에 맞게 2그룹으로 만들면 됩니다.(예: 남, 여)

⑥ '만들기'를 누르면 공유할 것인지 묻는데 무시해도 됩니다.

⑦ 세트에서 '카드 맞추기'를 꼭 누르세요.

⑧ 화면 주소를 복사합니다. 이 주소가 게임에 연결되는 링크입니다.

✽ 다음은 테스트 삼아 해볼 수 있도록 제가 예시로 만든 것입니다. 컴퓨터와 스마트폰은 게임 화면이 다르며 스마트폰이 좀 더 사용하기에 편합니다. 컴퓨터는 마우스로 끌어서 붙이면 없어지고, 스마트폰은 같은 것을 누르면 없어지는 방식입니다.

퀴즈렛으로 만든 간단한 게임

학급 단톡방에 주소를 올려두면 학생들이 링크를 통해 참여합니다. 제한 시간을 주고 결과를 단톡방이나 개별로 받으세요. 단톡방으로 받으면 함께하고 있다는 느낌을 줄 수 있고, 개별로 받으면 선생님이 학생과 한마디라도 더 주고받게 되는 장점이 있어 저는 후자를 선호합니다. 이 게임의 의도는 학생 이름을 한 번이라도 더 읽어보면서 익숙해지는 것입니다.

경기가 끝나면 '보상'을 줍니다. 제가 즐겨 나눠주는 상품을 예로 들면 3등 막대사탕, 2등 비타민 음료, 1등 바나나 우유입니다. 활동에 따라 원하는 이모티콘을 선물하기도 합니다. 학급 활동을 하다 보면 종종 상품을 주게 되는데, 이때 상품을 고정하면 매번 교사가 뭘 줄지 고민하지 않아도 되어 좋습니다. 훗날 그 제품을 볼 때면 담임 선생님이 해주셨던 활동들이 기억난다고 메시지를 보내주는 학생들도 있습니다.

이 활동을 확장해 '우리 반 수업 담당 선생님들의 이름' 익히기도 해봅니다. 교과목을 담당하는 선생님의 성함을 미리 알려주고, 퀴즈렛 세트를 과목-선생님 이름으로 만듭니다. 물론 담임 선생님 이름도 넣어주세요.

> **담임 선생님을 위한 팁**
>
> ### 조금 특별한 기초조사서
>
> 기초조사서는 말 그대로 학생의 생활환경을 알아보기 위한 것이지만, 첫 상담을 위한 훌륭한 자료가 되기도 합니다. 기초조사서를 손으로 기입하다 보면 처음엔 열심히 적다가 뒤로 갈수록 소홀해지기도 하고, 글씨를 알아보기 힘든 경우도 종종 있습니다. 직접 쓰는 수고를 덜어주고 더 많은 정보를 얻는 데 용이한 온라인 기초조사서를 추천합니다. 온라인으로 기초조사서를 받으면 학생과 보호자의 연락처 관리도 편리합니다. 구글 설문 기능을 활용하시면 됩니다. 요즘 개인정보 유출 등 조심스러운 부분이 있으니 기초조사서를 받으면 바로 안전한 저장장치로 옮기고 온라인상의 정보는 삭제하세요.

첫 상담의 소통거리로 좋은 주제는 자신이 좋아하는 인물, 작년 학교생활, 관심분야 체크리스트입니다. 남들보다 잘하는 것을 알면 그 학생에게 어울리는 역할을 줄 수 있죠. 좋아하는 과목을 알면 해당 교과부장을 맡기기에 좋고, 친한 친구를 알면 교우관계도 미리 파악할 수 있습니다. 그리고 학급을 위해 할 수 있는 일을 물어보면 임원 가능성이 있는 후보도 가늠할 수 있죠. 이렇듯 학생들의 특징을 알 수 있는 질문들을 기초조사서 양식에 추가합니다.

- 우리 가족의 친밀도를 적어주세요.
- 우리 반에서 친한 친구(복수 가능)
- 다른 반에 있는 친한 친구(복수 가능)
- 남보다 잘할 수 있는 것, 자신이 좋아하는 것들
- 자신이 존경하거나 좋아하는 인물과 이유(연예인 가능)
- 좋아하는(싫어하는) 과목, 잘할 수 있는 과목(자신이 없는 과목)
- 내가 학급을 위해 할 수 있는 일 또는 해보고 싶은 일
- 올해 바꾸고 싶고, 달라지고 싶은 부분
- 요즘 자신에게 가장 큰 고민거리(공개 가능한 선에서 편하게)
- 학급에서 해보고 싶은 활동, 프로그램, 제안하고 싶은 아이디어
- 좋아하거나 관심 있는 부분을 체크하기(여러 개 선택 가능)
  독서, 악기연주, 노래, 글쓰기, 게임, 운동, 애니메이션, 만화책, 웹툰, 그림, 디자인, 영화, 컴퓨터, IT, 춤, 무용, 기획, 이벤트, 영상 제작, 요리, 만들기, 여행, 상담, 쇼핑, 자동차, 퍼즐, 추리, 외국어, 유튜브, 수학과학, 시사, 사회현상, 연기, 기타

학생 기초조사서 예시

학부모 기초조사서 예시

10분 상담

바쁜 3월이지만, 학생들과 첫 만남을 짧게라도 가지는 것이 좋습니다. 모두 한 번씩 개별적으로 만나보겠다는 목표를 세우세요. 쉬는 시간과 점심시간을 이용해서 5~10분 정도 만납니다. 이동수업이나 체육수업 전후는 시간이 부족하므로 피하는 것이 좋습니다. 인원에 따라 조금 다르겠지만 넉넉히 2주일이면 모든 학생과 개별 만남을 가질 수 있습니다. 상담표를 짜고 조회 시간에 오늘 상담인 학생들에게 미리 알려준 다음, 기초조사서를 토대로 짧게 이야기 나누면 됩니다. 얼굴을 마주하면 더 잘 기억할 수 있습니다. 10분 상담은 지필평가 후에도 한 번씩 하기에 좋습니다.

	2-0 상담 일정(3월 10일부터)				
	월	화	수	목	금
1교시 후	임○○	곽○○	구○○	이○○	박○○
2교시 후	정○○	권○○	김○○	이○○	오○○
3교시 후	정○○	목○○	김○○	이○○	윤○○
4교시 후	조○○	송○○	김○○	이○○	동
5교시 후	최○○	안○○	김○○	이○○	아
6교시 후		윤○○		임○○	리

오늘의 글 생각 적기

관계를 맺으려면 소통이 필요합니다. 소통의 핵심은 무엇일까요? 저는 '자기 이야기'라고 생각합니다. 자기 이야기가 있어야 소통할 거리가 생깁니다. 그 이야기는 어떻게 만들 수 있을까요? 저는 매일 학생들에게 좋은 문장을 읽히고 거기에 대한 자기 생각을 적게 하고 있습니다. 좋은 글을 꾸준히 읽고 덧붙인 자기 생각이 곧 자기 이야기가 되고 소통거리가 됩니다. 철학자 베이컨이 '인간은 읽으면서 충실해지고, 듣고 말하면서 영리해지며, 쓰면서 철저해진다.'라고 했듯이 읽기, 쓰기, 말하기는 삶에 큰 영향을 끼치는 중요한 능력입니다. 이 활동을 학년 시작부터 끝나는 날까지 지속했습니다.

오늘의 글 생각 적기

① 매일 아침 학급 단톡방에 좋은 글을 하나씩 올려줍니다.

② 학생은 글을 읽고 복사해 선생님과의 채팅창에 붙여넣기 하고 글 아래에 자기 생각을 적습니다.
③ 선생님은 학생이 적은 것에 답글을 달아줍니다.

글을 올리는 시간을 고정하여(예: 아침 7시) 예약 메시지를 활용해도 좋습니다. 학생들이 글을 읽고 자기 생각을 적는 시한은 조회 전으로 정하고 안 쓴 학생은 일과를 마치기 전까지 해달라고 요청합니다. 물론 잘 적어주는 학생도 있고 그렇지 않은 학생도 있습니다. 무슨 말인지 모르겠다 하기도 하고, 동의할 수 없다며 부정적인 반응을 보일 수도 있습니다. 선생님은 학생들이 적어주는 대로 반응하면 됩니다. 모르겠다고 하면 선생님이 생각하는 글의 의미를 적어주시면 됩니다. 비판적인 생각이 나온다면 그 학생의 생각을 존중하면서 선생님의 생각을 말해주면 됩니다.

학생글

[오늘의 글]
모든 선택에는 정답과 오답이 공존합니다. 지혜로운 사람은 선택한 다음에 그걸 정답으로 만들어 내는 것이고, 어리석은 사람은 그걸 선택하고 후회하면서 오답으로 만들죠. - 박웅현 『여덟 단어』 - 에 대한 나의 생각: 적어도 정답을 오답으로 만들지는 않기 위해 어리석은 사람이 되지 않아야겠다고 다짐했어요.

교사글

후회하면서 오답으로 만드는 어리석은 사람이 되지 말자. 분명히 정답을 잘 만들어 갈 수 있을 거야.
등교했던 2주는 어땠어?

학생글

재밌었는데 조금 힘들기도 했어요. 체력적으로도 그렇고 여러 이유로 많은 생각이 들었습니다. 그래도 2주를 재밌게 보낸 것 같아요. 감사합니다.

학생글

[오늘의 글]
주변에 있는 모든 것이 과거에 당신이 생각하고, 결정하고, 행동으로 옮긴 결과이며, 원인과 결과만 있을 뿐이다.
나의 생각: 인과만 따지면 너무 재미가 없다.

교사글

아, 그럴 수도. 과정은 당연히 중요하겠지. 거의 대부분은 원인으로 발생된 결과라는 것. 생각, 결정, 행동. 삶은 그것으로 이루어지는 것 같아. 이따 보자!

오늘의 글 생각 적기를 하면 매일 개별적인 소통이 자연스럽게 이루어진다.

 이 활동의 가장 큰 장점은 학급의 학생 모두와 매일 소통하면서 거리감을 줄이고 학생의 관점, 가치관을 알 수 있다는 것입니다. 일대일로 대화를 나누기 때문에 다른 사람 눈치 볼 필요도 없으니 좀 더 편하게 적습니다. 특히 교실에서 잘 드러나지 않는 학생들, 표현을 잘 안 하거나 말수가 적은 학생에게 효과적이죠. 활달하고 표현력이 좋은 학생들은 말할 것도 없고요. 숨겨진 글재주를 가진 학생을 발견하기도 합니다. '맞는 말 같다.' '좋은 말이다.' 등의 답변만 보내오는 학생들에게도 좀 더 세심하게 답변을 달면 서서히 변화하는 것을 보게 됩니다. '오늘의 글 생각 나누기'는 개별 소통으로는 최고의 방법이라고 생각합니다. 다만 반 전체와 개별 소통하며 답글을 달아주어야 해서 담임이 좀 바빠집니다.
 학생들에게 전하는 좋은 글은 어디서 찾아야 할까요? 선생님이 평소 좋아하는 글을 활용하거나 원하는 키워드로 검색해도 좋습니다. 학생들에게 좋아하는 문장을 받는 방법도 있고, 드라마의 명대사를 활용할 수도 있습니다. 저의 블로그에도 매일 '삶을 바꾸는 한마디'를 꾸준히 올리고 있으니 거기서 마음에 드는 글을 찾아 활용해도 됩니다. 매일 하는 것이 부담스럽다면 월수금이나 화목 등 특정 요일을 정해 주 2, 3회라도 꼭 해보길 권해드립니다.

    글을 적지 않고 생각만 적는 것이 아쉽다면 다소 짧은 글을 골라 글을 매일 '필사'하는 활동으로 진행해도 좋습니다. 필사 노트에 옮겨 적고 글에 대한 생각은 개별 톡으로 주고받습니다. 매일 정성 들여 쓰다 보면 결과물이 쌓여 뿌듯하고, 필체 교정의 효과도 있습니다. 저는 필사 모임을 따로 운영하고 있습니다. 하루에 하나씩 글을 정해 적고 있는데 마음을 차분히 정돈하며 하루를 시작하는 데 큰 도움이 됩니다.

활동 04
임원 선거: 우리는 이런 임원을 원합니다

3월에는 임원 선거를 합니다. 1년 동안 학급을 원활히 이끌어가려면 선생님의 뜻을 알아주고 반의 분위기를 만드는 지원군이 있어야 합니다. 주도층을 통해 중도층을 움직이게 하세요. 선거를 앞두고 학생들에게 다음 질문의 답변을 한 줄로 작성하게 합니다.

질문 1: 내가 생각하는 회장, 부회장의 모습은?
질문 2: 이런 회장, 부회장은 싫어요!

학생들이 그동안 경험한 임원을 떠올리며 적기 때문에 구체적인 답변이 나옵니다. 게다가 담임 선생님의 의견이 아니라 반 모두의 의견이기 때문에 그것 자체로 힘이 있습니다. 학생들의 의견을 모아 한 장으로 편집합니다. 지원자를 받기 전, 게시판에 붙여 읽어보게 하고, 지원한 학생들에게는 따로 한 장씩 복사해 나눠줍니다. 후보자는 공약을 생각할 때 이 자료를 참고합니다.

선거 날에는 후보자의 연설을 모두 녹화해 그 학생의 부모에게 보여드려도 좋습니다. 영상 파일은 구글 드라이브에 넣어서 공유합니다. 후보자는 선생님의 힘이 되기에 충분한 학생들이니 선거 결과에 상관없이 선생님을 도와달라고 먼저 이야기합니다. 선생님의 편이 많아질수록 학급 활동의 저항은 줄어듭니다.

○학년 ○반 모두가 생각하는 회장, 부회장의 모습

〈내가 생각하는 회장, 부회장의 모습은〉
우리반을 잘 리드할 수 있는 사람
책임감 있고 믿음직한 사람
솔선수범하는 모습
공약을 잘 지키는 회장, 부회장
모범적이고 리더십 있는 사람
반 친구들의 의견을 잘 듣는 사람
재밌는 회장, 부회장
친절하고 소통하는 회장, 부회장
반을 위해 열심히 행동하는 사람
반 아이들을 차별 없이 대하고 책임감 있는 사람
소외된 친구 없이 다 같이 친하게 지내는 반을 만드는 사람
공지사항 잘 알려주는 사람
성실하고 부지런한 모습
선생님과 학생 사이에 소통 잘하는 임원
즐거운 반이 되도록 노력하는 모습
수행평가와 과제 등 까먹지 않도록 잘 챙겨주는 회장, 부회장
긍정적인 사람
일 빠르게 잘 처리하면 좋겠지만 그런 이상적인 사람이 아니어도 자기에게 부여된 책임감을 기억하며 최선을 다하는 사람

〈이런 회장, 부회장은 싫어요〉
이기주의자, 개인주의자
공약을 지키지 않는 회장, 부회장
혼자 생각하고 혼자 결정 내리는 사람
반 학생들을 안 좋게 선동하는 사람
친한 친구들만 챙기는 사람
자신만 생각하는 사람
무능한 정부는 독재보다 악하다
무관심하거나 불평하는 임원
강압적인 태도로 권력 남용하는 것
학생들을 괴롭히는 임원
학급 일에 성실하지 않고 친구들 의견에 귀 기울이지 않는 회장, 부회장
너무 나서지 않는 사람
자기 의견을 모두의 의견으로 만들지 않는 사람
분위기를 안 좋게 만드는 회장, 부회장
할 일 안 하고 대충 넘어가려는 태도
부정적인 사람
리더십을 넘어 아예 선생님 역할을 하려는 임원
다른 사람 의견은 들어보지도 않고 무시하는 사람

급훈 정하기: 우리는 이런 반을 원합니다

임원이 정해지면 급훈을 정합니다. 인쇄된 급훈이 한 해 동안 존재감 없이 교실 칠판 위에 자리만 차지하고 있지 않도록 각자 원하는 반의 모습을 생각해보는 시간을 갖는 것은 어떨까요? 어떤 반을 원하는지 각자 한 줄로 적게 한 후 중복된 것들을 추려내고 하나의 문장으로 쭉 연결해보면 그 자체로 이상적인 학급상이 만들어집니다. 다음은 제가 담임했던 반에서 만든 급훈입니다.

우리 ○반은 서로 잘 챙겨주고 배려하며 소통이 잘되고 시끄럽지 않은 조용함을 가지고 싸움과 폭력 없이 평화로우며 모두 친하게 지내 사이가 좋고 반 분위기가 좋아 모두가 함께하여 화목하고 활발한 활기참으로 단합이 잘되어 재밌고 모두가 행복하며 예의 바르게 인사를 잘하고 성실한 수업태도가 좋아 공부를 잘

하며 심지어 교실까지 깨끗한, 2학년에서 가장 뛰는 반입니다.

다소 긴 문장이지만 모두가 참여해 완성한 것이므로 그 자체로 의미가 있습니다. 이렇게 완성된 급훈을 학급 운영 방향으로 설정하고 운영하면 됩니다. 저는 학급 소개도 함께 만든 급훈으로 대신하고, 교실 앞 게시판에 붙여 둡니다.

우리 5반은
서로 잘 챙겨주고 배려하며 소통이 잘되고
시끄럽지 않은 조용함을 가지고
싸움과 폭력 없이 평화로우며 모두 친하게 지내 사이가 좋고
반 분위기가 좋아 모두 함께하여 화목하고
활발한 활기참으로 단합이 잘되어 재밌고 모두가 행복하며
예의바르게 인사를 잘하고 성실한 수업 태도가 좋아 공부를 잘하며
심지어 교실까지 깨끗한 2학년에서 가장 뛰는 반입니다.

> 담임 선생님을 위한 팁

우주 사진으로 기념하는 특별한 생일 축하

축하 편지와 노래, 고깔도 씌워주고, 초코파이 케이크 등 여러 방식으로 학급 생일 축하를 진행해봤지만 매번 의미 없이 반복되는 행사

에 그치는 것 같아 아쉬울 때가 많았습니다. 그래서 지금은 전체 축하 행사는 하지 않고, 생일을 맞이한 학생에게 개별적으로 생일 축하 인사를 하고 있습니다. 교사가 생일을 알아차리고 축하해주는 것만으로도 학생에겐 충분한 축하가 되는 것 같습니다. 전체 축하 행사를 하기로 했다면 그 준비를 학생들에게 맡겨 보세요. 배려심 많고 잘 챙겨주는 학생들을 중심으로 '생일 축하 위원회'를 꾸리는 것입니다. 학생들이 기획한 생일 축하가 더 참신하고 좋은 반응을 가져올 수 있습니다.

간식 말고 좀 더 특별한 의미를 전달하고 싶다면 생일날 찍힌 우주 사진은 어떤가요? 미국항공우주국NASA는 이른바 '허블 생일 Hubble Birthday'라고 하여 특정 날짜에 허블 망원경이 찍은 우주 사진을 보여주고 있습니다. 내 생일날 우주의 신비한 모습, 그 자체로 의미 있는 선물이 될 것입니다.

허블 생일

활동 06

속마음을 전하는 학부모 총회

학년 초 교사들을 긴장시키는 일정 가운데 하나가 학부모 총회입니다. 학부모에게 드릴 자료는 담임 소개, 시간표(전화 상담이 가능한 시간), 학급 운영 철학, 진학에 관련된 자료 등을 넣어 앞뒤 한두 장 정도로 준비하면 충분합니다. 총회에 오는 학부모가 가장 기대하는 것은 담임과의 소통이라고 생각합니다. 그래서 저는 학생들의 속마음을 전하는 조금 특별한 코너를 만들어보았습니다. 학부모 총회가 시작되기 1주일 전쯤 두 가지 질문을 만들어 온라인 설문으로 학생들에게 답변을 받았습니다.

'부모님께 드리는 우리의 속마음'
문항 1: 나는 부모님이 이러실 때 행복합니다.
문항 2: 나는 부모님이 이러실 때 속상합니다.

부모님께 드리는 우리의 속마음

⟨우리는 부모님이 이러실 때 행복해요!⟩
내 이야기를 잘 들어주실 때
용돈 주실 때
밥 주실 때
공부하느라 수고했다고 말할 때
나와 시간을 보내줄 때
서로 웃고 장난치실 때
여행 같이 갈 때
같이 모여 텔레비전을 보거나 같이 있을 때
같이 드라이브할 때
내 뜻을 물어보실 때
이런저런 이야기 나누면서 함께 밥 먹을 때
두 분이 사이좋게 지내실 때
내가 갖고 싶은 거 사주실 때
웃으실 때
나를 공감해주고 존중해주실 때
격려해주실 때
"힘내"라고 하실 때
나를 자랑스러워하실 때

⟨우리는 부모님이 이러실 때 속상해요!⟩
내 말을 잘 안 들어주실 때
주말에만 게임하는데 그마저도 못 하게 할 때
화내실 때
공부하라고 할 때
나에 대해 단정 지으실 때
내 말을 무시하실 때
하고 싶은 일을 반대하실 때
힘들어 보일 때
혼내실 때
내 일로 부모님이 다툴 때
소리 지를 때
잔소리 들을 때
엄마 아빠가 싸울 때
아침에 깨우면서 화내실 때
부모님이 아프실 때
부모님이 동시에 야단치실 때
나를 다른 사람과 비교하실 때
내 뜻을 물어보지 않으실 때

학생들의 속마음을 익명으로 정리하여 나눠드리니 참석한 학부모님 모두 흥미롭게 읽어주셨어요. 이 기획을 확장하여 이번에는 부모의 속마음도 들어보는 기회를 마련했습니다. 학부모 모두에게 학생의 속마음을 문자로 전하면서 같은 질문으로 설문을 받았습니다.

'내 아이에게 알려주는 엄마, 아빠의 속마음'
문항 1: 네가 이럴 때 엄마, 아빠는 행복합니다.
문항 2: 네가 이럴 때 엄마, 아빠는 속상합니다.

> **학부모에게 보낸 문자 예시**
>
> 안녕하세요. 오늘 학부모 총회를 잘 마쳤습니다. 학생들에게 받은 설문 '부모님이 이러실 때 행복하다/속상하다'의 내용을 정리해서 보내드립니다. 아이들의 마음이 이렇구나 한번쯤 들여다보시는 기회가 되시길 기대합니다. 또한 부모님도 속마음을 들려주신다면 반에 공유하여 아이들과 부모님의 마음을 헤아려보는 시간을 갖겠습니다. 보내드리는 링크의 설문에 간단하게 작성을 부탁드립니다. 감사합니다.

설문에 응답해준 학부모의 속마음도 익명으로 정리해 학생의 속마음과 나란히 학급에 게시했습니다. 읽다 보면 서로를 좀 더 이해할 수 있고, 은근한 감동도 있습니다. 이 활동은 학부모 총회나 어버이날이 아니면 하기 애매하니 타이밍을 놓치지 말고 꼭 해보시기 바랍니다.

4월

분주한 3월을 보내고 맞이한 4월, 담임은 여전히 바쁩니다. 어색함이나 긴장감이 사라진 대신 조금씩 문제가 드러나는 때이기도 합니다. 자칫 학급이 흔들리지 않도록 친절하면서도 단호하게 지도하는 한편, 정성이 깃든 재미있는 활동들을 함께 한다면 이후의 학급 활동에 거는 기대가 높아지고 학급 분위기를 잡아가는 데도 매우 효과적입니다.

소통을 위한 테스트

요즘 심리 테스트, 성격 테스트 등 다양한 테스트를 쉽게 접할 수 있습니다. 학급 활동에서 테스트는 각자의 이야깃거리를 만들기 좋은 활동입니다. 언제든 할 수 있어 유용하고, 애매하게 남은 시간이나 특별한 일이 없는 학사일정의 틈을 부담 없이 채울 수 있습니다. 평소 소극적인 학생들도 테스트는 부담 없이 잘 참여하는 편입니다. 한 주의 중간 지점이자 급식의 기대가 높은 수요일에 해보시는 것을 추천합니다. 가벼운 테스트로 소소한 소통의 기회도 갖고 특별한 분위기를 더해보세요.

다양한 테스트를 활용한 활동
① 선생님이 먼저 테스트를 해보고 원하는 형태로 캡처합니다.
② 아침 시간, 학급 단톡방에 테스트 링크, 선생님의 테스트 결과를

올려주고, 결과를 개별로 받습니다. 이름 순서로 체크해서 안 보내는 학생의 결과지까지 모두 다 받아냅니다.

③ (개별소통) 학생이 결과를 보내주면 예, 아니오로 끝나지 않는 질문으로 소통해보세요. '결과에 대해 어떻게 생각해?', '어떤 설명이 잘 맞아?(안 맞아?)' 등 좀 더 구체적인 대화를 할 수 있어요.

④ (학급소통) 교실에서 오가며 볼 수 있는 자리에 테스트 결과를 붙여주세요. 같은 결과가 나온 사람을 묶어서 게시하는 것도 좋습니다. 다른 테스트를 하면 결과물을 바꾸어 게시합니다.

요즘은 광고, 홍보 목적의 테스트가 다양하게 제작되고 있습니다. 테스트를 고르기 전, 교사가 먼저 해보면서 결과의 신뢰도를 가늠해보시고, 자극적이거나 문제가 될 만한 해석이 들어 있는 테스트는 거릅니다. 할 만한 테스트를 발견하면 그때마다 즐겨찾기에 저장해두세요. 다음은 제가 해본 것 중 학생들의 반응이 좋았던 테스트입니다.

나만의 K-컬러 테스트	스낵으로 보는 내 성격	무의식 속 숨은 동물 찾기
화학원소 성격 테스트	냄새 테스트	스낵고 학생 유형 테스트

학생들이 테스트 결과에 너무 얽매이지 않도록, 성격이란 맥락에서 해석되어야 하며 행동에 대한 의견을 묻는 방식만으로는 행동을 측정할 수 없다는 것을 미리 알려주면 좋겠습니다. 책『이토록 뜻밖의 뇌과학』을 보면 MBTI 같은 검사는 자신에 대해 어떻게 생각하는지 묻기 때문에 사실처럼 느껴진다고 합니다. 평소 생각하던 바가 요약된 설명을 보면 자신과 딱 맞는다고 느껴지는 것이죠. 책『평균의 종말』에서도 성격은 맥락을 바탕으로 해석되어야 한다고 말합니다. 하나의 예로, '공격성이 있다'라는 설명은 정확하지 않습니다. 어른과 있을 때와 또래와 있을 때 공격성은 다르게 나타나기 때문입니다.

우리가 보는 학생들은 겨우 학교라는 '맥락의 일부분'일 뿐입니다. 학생의 문제 행동으로 보호자에게 연락할 때 우리 애는 그런 애가 아니라고 하는 경우가 있는데(예를 들어 흡연을 했다고 하면 우리 애가 그럴 리가 없다며 펄쩍 뛰는 부모가 있습니다), 학부모는 학교라는 맥락 안에서 자녀를 보지 못했기 때문일 겁니다. 반대로 우리는 학생이 가정에서, 학교 밖에서는 어떤 태도와 행동을 보이는지 모르죠.

우리가 학생을 바라볼 때 왜 그런 식으로 행동하는지를 따지기도 하지만 '저런 맥락에서 저런 식으로 행동하는 이유가 무엇인가'라는 질문이 필요할 때가 있습니다. 이 질문이 문제 행동을 개선할 실마리를 줄 수 있고, 처벌보다 더 나은 대처를 할 수도 있습니다. 물론 이렇게 글로 적어드리기가 쉬울 뿐, 현실은 늘 쉽지 않습니다.

지필평가 맞춤형 활동: 계획, 복기, 응원, 협력

지필평가와 관련하여 제가 하는 활동은 크게 세 가지입니다.

하나, 시험공부 계획과 과정 기록, 시험 후 복기하기.
둘, 시험 응원하기.
셋, 함께 공부하기(문제 품앗이)

공부 계획 및 과정 기록, 시험 후 복기

지필평가 시작 한 달 전에 일정이 기록된 계획표를 나눠주고 계획을 세우게 합니다. 일정표는 '공부하기' 같은 막연한 계획이 아니라 구체적인 수치로 적도록 하고, 의욕이 넘쳐 무리하게 계획을 세우기보다는 꾸준하게 실천하는 것이 더 중요함을 강조합니다. 작성한 계획표는 시험 기간이 끝난 후에 걷습니다. 강제성을 부여하지 않은 활동이라 많은 학생이 작성하지는 않지만, 제출한 학생은 생기부 기록할 때 참고하여 적어줄 수 있습니다.

시험이 끝난 다음 날에 지필평가 복기 양식을 나눠줍니다. 학생들은 쓰기 싫어하는 표정을 보이겠지만 자신이 했던 공부 과정을 잊어버리기 전에 빨리 쓰는 것이 좋습니다. 작성된 예시를 미리 보여주면 복기하는 데 큰 도움이 됩니다. 작성 기간은 2, 3일 정도 주며, 제출한 것은 한두 줄 정도 답글을 적고 복사해서 돌려줍니다. 복사한 자료는 보관해두었다가 상담 자료로 활용합니다. 시험 결과가 나오면 학기 초에 했던 것처럼 10분 상담을 잡아 만나보는 것도 좋습니다.

학습에서는 메타인지 능력이 중요하다고 합니다. 메타인지는 내가 어느 정도로 알고 있는지를 파악하는 것입니다. 나는 어떻게 공부했고, 그것이 자신에게 어느 정도 효과가 있었는지 기록해두어야 다음 시험을 위한 자신의 전략을 짤 수 있습니다. 이렇듯 복기의 중요성을 강조하여 동기부여가 되도록 해주세요. 다음은 함께 근무했던 선생님이 공유해준 지필 복기 양식입니다.

〈자신을 돌아보기: 2학기 1차 지필평가 과목별 복기하기〉

번호: 이름:

☆ 목표점수 또는 이전 성적보다 오른 과목과 떨어진 과목의 원인을 분석하여 적기. 이 분석이 다음 평가에서 더 나은 결과를 얻는 방법을 보여줄 것임.

☆ 이미 지나간 시험 점수의 높고 낮음에 크게 연연하지 말 것! 앞으로가 더 중요해! 같은 실수는 하지 않고, 잘한 부분은 다시 한번 되새기며 나만의 공부 방법을 찾자!
☆ 성적도 중요하지만 "나에게 맞는 공부습관"을 찾는 것이 제일 중요함!
☆ 자신에게 맞는 공부 "습관"을 갖추고 목표를 위해 약속한 것을 지키는 태도가 "실력"의 열쇠가 될 것이라 확신함.
☆ 실현할 수 있는 나의 가능성들을 지금이라도 놓치지 말기! 가능성이 가능성으로만 끝나지 않도록 응원한다.

〈학습 방법 분석 및 다짐 쓰는 요령〉

시험을 보는 중, 보고 난 후 어떤 생각을 했는가?
나는 이 과목을 어떻게 준비하고 공부했는가?
그 방법이 얼마나 효과가 있었는가?
어떻게 하면 지금보다 더 나아질 수 있는가? (행동, 실천, 전략)
실수가 많았다면 어떻게 실수를 줄일 수 있을까?

과목	점수	학습 방법 분석 및 다짐
국어		
사회		
수학		
과학		
영어		

이제 시험은 2차 지필 한 번 남았다.
현재 실력을 확인할 수 있는 좋은 기회를 놓치지 말자.

아직 작은 씨앗이기에 그리 조급해하지 않아도 괜찮아.
그리 불안해하지 않아도 괜찮아. 넌 머지않아 예쁜 꽃이 될 테니까.
-시「봄이에게」

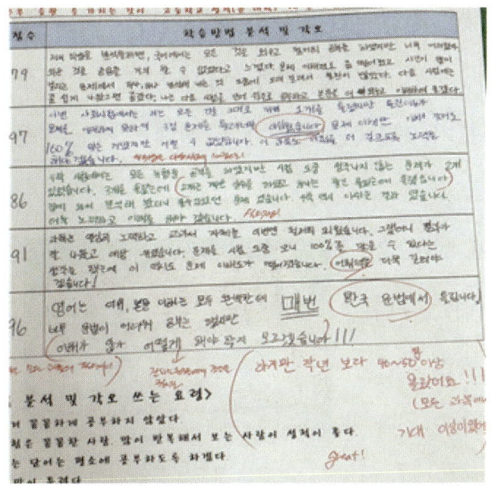

학생이 분석한 학습 방법과 교사의 피드백.

담임이 응원하는 첫 시험

지필평가는 1년에 최대 4번 봅니다. 시험의 의미는 부여하기 나름이죠. 중학교 들어와서 첫 번째 시험, 고등학교 들어와서 첫 번째 시험, 2학기 첫 번째 시험, 올해 첫 번째 시험일 수도 있고, 한 학기 마지막 시험, 중학교의 마지막 시험, 올해의 마지막 시험일 수도 있습니다.

    시험 응원의 가장 흔한 방법은 응원 메시지와 간식, 컴퓨터용 사인펜 나눠 주기일 것입니다. 매번 같은 것으로 하기보다 시험마다 방법을 조금씩 달리하여 응원해보세요. 네 번의 시험에 맞추어 네 가지 다른 응원 방식을 준비해두면 매번 무엇을 해줄지 크게 고민

할 필요도 없고 뻔하지 않은 응원처럼 느껴질 것입니다. 저는 시험 응원 키워드로 담임, 친구, 부모, 자신을 정해둡니다. 예를 들어 4월에는 담임이, 6월에는 부모가, 9월에는 서로가, 11월에는 자신이 응원하는 것입니다.

첫 시험인 4월에 제가 해온 응원 방법을 간략히 소개하겠습니다. 저도 첫 시험에는 초콜릿 같은 가벼운 간식과 컴퓨터용 사인펜을 나눠줍니다. 다만 그냥 주는 것이 아니라 간단한 응원 문구를 인쇄해 붙여서 나눠줍니다. 사인펜에도 각자의 이름을 써넣은 견출지를 붙입니다. 손글씨로 이름을 써넣은 사인펜은 아무 표시 없는 펜이나 인쇄된 이름 스티커 붙은 펜보다 조금 더 특별한 선물이 될 것입니다.

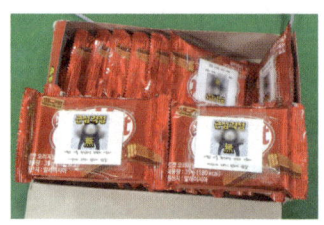

응원 문구를 붙인 간식.

🛫 문제 품앗이로 함께 준비하는 시험

문제 품앗이는 한 사람당 1개의 문제를 만들어 반 전체가 공유하는 것입니다. 학생 수 25명인 학급이라면 각자 문제 1개 만들고 24개를 얻는 셈입니다. 집단지성을 발휘해 서로 도움을 주며 함께 성장하는 활동이라고 볼 수 있습니다. 중학교는 지필평가를 보는 교과로, 고등학교는 선택교과가 아닌 필수교과를 가지고 하거나 반에서 선택교과가 같은 학생을 모아 해도 됩니다. 해보기 전에는 활동의 강도가 어느 정도인지 알 수 없으니, 처음 시도할 때는 희망자를 받아서 해보세요. 4월은 지원자를 받아서 하는 과정, 6월에는 반 전체가 참여하는 과정을 안내하겠습니다.

문제 품앗이 방법

① 활동의 의미를 알리고 지원자를 받습니다. 임원은 솔선수범해야 하니 꼭 참여시키시고, 학급에서 학습을 착실하게 하며 친구들을 잘 도와주는 학생들 위주로 모아보세요. 처음엔 선생님의 적극적인 '영업'이 필요할 수도 있습니다. 지원자가 많을수록 문제 출제의 부담은 줄어듭니다.

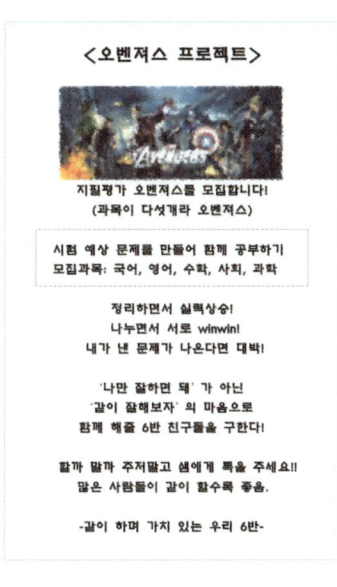

② 지원이 끝나면 학교에서 또는 화상 회의로 따로 모여서 어떻게 문제를 내면 되는지를 안내합니다. 팀이나 프로젝트 이름도 센스 있게 짓습니다. (저는 시험 과목 수에 따라 오벤져스, 육벤져스 등으로 짓기도 합니다.) 담당 과목을 정하고 시험 예상 문제를 10개 정도 만들게 합니다. 문제 수는 상황에 맞게 적절히 조절하세요. 문제는 공부하는 문제지를 참고해서 출제해도 되지만 학생이 직

접 만들어보면 더 좋습니다. 출제자인 교과 선생님의 관점에서 생각해보고 문제를 만들었는데 자신이 낸 문제가 시험에 나오면 얼마나 뿌듯할까요?

③ 만든 문제지를 메일로 받아 선생님이 시험 원안지처럼 편집합니다. (문서 프로그램 다룰 일이 별로 없는 학생들은 생각보다 편집을 어려워합니다.) 작성에 도움이 될 예시 양식을 명확하게 주셔야 선생님의 작업이 편해집니다. 문항 번호 틀, 글씨체와 크기, 보기 틀, 세트 문항 표기 방법 등을 안내합니다. 국어, 영어 등 본문이 필요한 과목은 미리 파일로 받아 담당 학생에게 보내줍니다. 담임이 맡은 과목은 자칫 오해를 낳을 수 있으니 넣지 않습니다.

④ 편집이 끝나면 문제지는 B4 크기로, 답안지는 A4 절반 크기로 인원수만큼 인쇄합니다. 문제지가 세 쪽 이상인 경우 인쇄해서 스테이플러로 미리 찍어둡니다.

⑤ 진도가 끝나 자습하는 수업 시간을 확인하고, 그 시간에 모의고사처럼 진행합니다. 시험지는 모두 나눠주고, 답안지는 교탁 위에 둡니다.

⑥ 다 푼 학생은 답안지를 가져가서 스스로 채점하고 틀린 것을 확인합니다. 다른 학생들이 모두 마칠 때까지 각자 자리에 앉아 하고 싶은 공부를 조용히 합니다. 질문은 정해진 시간이 끝나고 합니다.

학생들이 직접 문제를 만들다 보니 가끔 문제에 오류가 있기도 합니다. 시험 도중 오류가 확인되었을 때는 바로 출제자에게 이야기해서 칠판에 공지합니다. 문제 오류가 있을 때 저는 학생들에게 이는 출제자가 기존 문제를 베낀 게 아님을 입증하는 것이며, 그만큼 모든 문제에 친구들의 정성과 노력이 들어갔다고 강조하는 기회로 삼곤 합니다. 이번엔 지원자들이 애써주었지만 다음에는 다 같이 하자는 제안도 잊지 말고 해주세요. 정답에 대한 의견이 분분한 문제는 해당 교과 선생님을 찾아가 확실히 알아보고 결과를 공유하게 합니다. 활동 후에 소감과 개선의견을 물어보면 다음 진행할 때 좋은 참고자료가 됩니다.

문제 품앗이 모의고사는 보람이 크지만 한편으로는 담임 입장에서는 번거로운 활동입니다. 진짜 시험지처럼 만들려고 욕심 내다 보면 편집에도 꽤 손이 많이 갑니다. 업무 등 바쁜 일정에 쫓기다 보면 '내가 왜 이걸 한다고 했을까? 다음엔 절대 하지 말아야지.'라는 생각이 들기도 합니다. 하지만 학생들에게 미치는 긍정적인 영향력을 직접 확인해보면 매년 기꺼이 수고를 감내하게 됩니다. '함께 공부하기'에 참 좋은 활동입니다.

> **담임 선생님을 위한 팁**
>
> ### 이색 단체 사진 찍기
>
> 학급 활동은 다양한 학급 사진을 남기기에 좋습니다. 매달 주제를

정해 단체 사진을 찍는 방법도 있습니다. 단체 사진 주제는 학생들의 의견을 먼저 받아보고 그중 하나를 정하세요. 예를 들어 4월 꽃이 필 때 종례 후 학교 근처 공원에서 단체 사진을 찍고, 가을 단풍 질 때 같은 장소에서 한 번 더 찍을 수도 있습니다. 한겨울 눈이 펑펑 오는 날 운동장에 모여 사진을 찍으면 모두에게 소중한 기억으로 간직될 것입니다. 순간을 담은 사진은 오래 기억됩니다.

4월의 우리 반 단체 사진, 어떻게 찍을까?

- 줄마다 다른 색(초록 주황 빨강 이런 식으로)
- 지팡이 들고 해리포터처럼(없으면 알아서 주워 오기)
- 공주처럼 왕처럼
- 〈어벤져스: 엔드게임〉처럼
- 부채 또는 하트
- 벚꽃이랑 하늘 보이게 찍자
- 일상(일상복 입고 찍자)
- 누가 꽃이게?
- 점프하며 찍기
- 웃긴 표정 짓기
- 아이돌처럼
- 공기
- 외계인
- 얼굴 몰아주기(한 사람은 잘 나오고 나머지는 망가지기)
- 꽃 들고 찍기(종이꽃이나 조화, 생화)
- 벚꽃나무 아래 꽃 하나씩 들고 사진 찍기
- 봄 분위기로 사진 찍기(꽃, 새싹)
- 꽃구경, 텔레토비
- 봄 배경으로 사진 찍기
- 피노키오(만우절 주제)
- 밖으로 나가서 꽃이나 나무 배경으로 사진 찍기
- 벚꽃 앞에서 얼굴에 꽃받침하고 찍기
- 깔끔한 모습으로 찍기
- 학교 폭력은 안 된다는 주제로
- 4월에 피는 벚꽃이 예쁜 만큼, 우리도 예쁜 꽃처럼 찍자.

5월

날씨도 좋고, 활동하기 좋은 5월입니다. 서로 어느 정도 파악되고 학급 분위기도 정착될 시기입니다. 날씨도 좋고 지필평가가 끝났을 때라 마음도 편합니다. 감사를 표현하는 등 여러 활동을 시도해보면서 학급 활동의 정점을 찍을 수 있어요. 5월의 활동은 오래 기억될 순간이 많습니다. 분위기도 더 좋아지고요.

우리의 유년 시절

이제 더는 어린이가 아니지만, 어린이날을 그냥 지나치자니 어쩐지 서운합니다. 어린이날, 가볍게 할 수 있는 활동으로 어린 시절 사진 공유를 소개합니다. 지금과 닮은 듯 다른 초등학교 저학년 시절의 사진이 가장 좋고 더 어린 유아기 사진도 괜찮습니다. 개인 사진을 선생님에게 개별적으로 보내달라고 합니다. 받은 사진을 포토스케이프 프로그램을 이용해 전체가 한눈에 보이도록 편집합니다. 이때 담임 선생님의 사진도 함께 편집하면 학생들이 더 흥미진진해합니다. 편집한 사진을 학급에 게시해두면 서로 누가 누구인지 찾아보면서 며칠간 즐거운 이야깃거리가 되는 걸 확인할 수 있습니다.

어릴 적 사진을 모아 게시하는 간단한 활동에서 조금 더 공을 들여 게임으로 진행해도 좋습니다. 사진을 보며 누가 누구인지 알아맞히기 게임을 하는 것입니다.

저는 이것을 졸업 앨범에 들어갈 학급 특색 사진으로 활용하기도 합니다. 졸업하며 하고 싶은 말을 한 문장으로 받아서 사진 아래에 넣었더니 멋진 결과물이 나왔습니다.

학생들의 어린 시절 사진을 한데 모아 학급에 게시한다.

어버이날 미션

어버이날 편지 쓰기는 많이들 하시죠? 학생들도 해마다 편지 쓰기를 하다 보면 아무래도 의례적인 것으로 여겨 성의 없이 임하게 되는 것 같습니다. 뻔하지 않으면서도 의미 있는 활동을 해봅시다. 먼저 학생들에게 두 가지 미션을 제시하고 개별적으로 보내달라고 요청합니다.

우리 반 어버이날 미션

(5월 6일까지 쌤에게 개인적으로 보내주세요.)

1. 부모님(보호자)에게 드리고 싶은 글귀와 그 이유
2. '나에게 부모님(보호자)이란?' 사진 또는 이미지와 그 이유

※ 절대 부모님에게 들키지 말 것!

왜 이 글과 이미지를 선택했는지 그 이유를 한두 줄 적게 하세요. 떠오르는 대로 키워드를 검색해보면 10분 내에도 충분히 끝낼 수 있습니다. 큰 노력이 들어가지 않고 결과가 노력에 비해 멋지게 나옵니다. 물론 이렇게 간단히 제시해도 하지 않아 재촉하는 경우도 생깁니다.

학생들에게 내용을 받으면 한 학생당 한 페이지를 이루도록 번호순으로 편집합니다. 마지막에 학교에서 찍은 학생의 개별 사진을 넣어줄 수 있다면 더 좋습니다. 한글에서 인쇄할 때 '이미지로 저장'을 선택하면 번호순으로 이미지 파일이 만들어집니다. 이것을 어버이날 전날 어머니, 아버지에게 문자로 보내면 됩니다. 학부모도 무척 좋아하고, 학생도 의미 있는 뭔가를 드렸다는 마음에 뿌듯해하는 활동입니다.

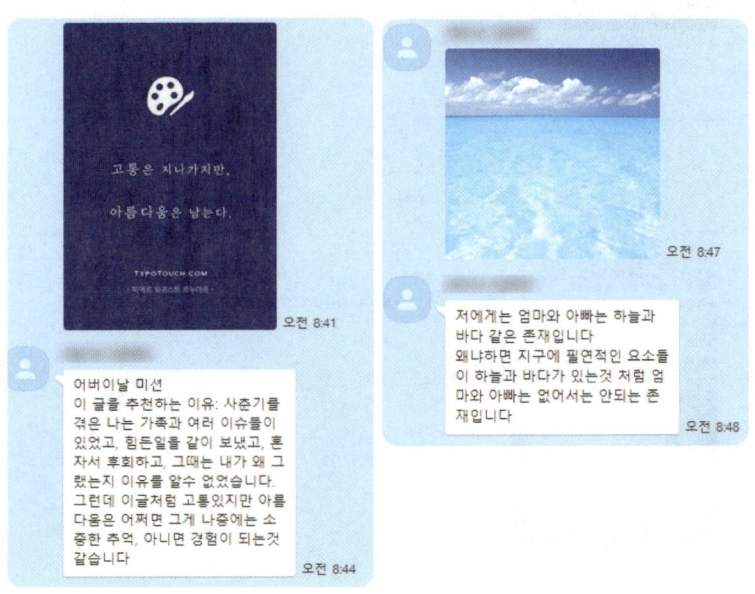

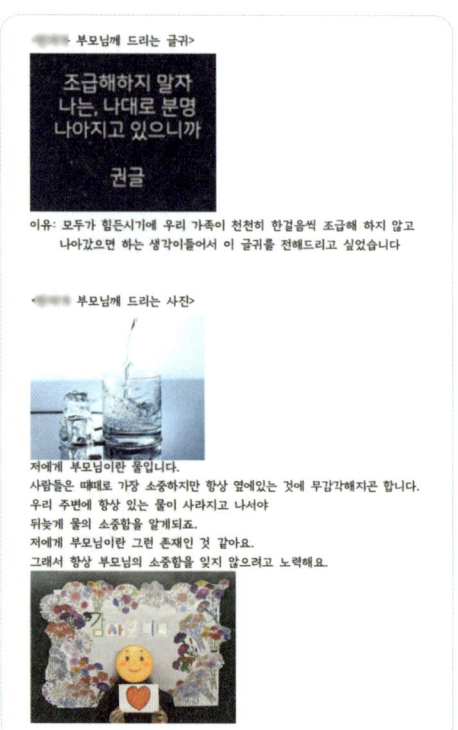

아이들이 만든 어버이날 이미지.

 활동 11

가족을 다시 생각합니다

5월은 가정의 달입니다. 가족 사랑을 말로만 강조하기보다는 자신과 가족을 돌아보는, 조금 진지한 시간을 갖게 하고 싶었습니다. 그래서 기획한 활동이 '나는 누구에게 가장 화를 많이 내는가'입니다. 과학자 정재승 교수가 어느 예능 프로그램에 나왔던 영상 클립을 보며 활동 아이디어를 얻었습니다. '나를 인지하는 뇌 영역: 화내지 말아야 하는 이유'라는 제목의 영상입니다.

 유튜브 SBS Entertainment 채널

영상을 보면 우리는 우리와 가까운 사람들에게 오히려 화를 잘 낸다고 합니다. 이는 뇌가 가까운 사람일수록 자신이라고 인지할 가

능성이 높기 때문입니다. 활동은 다음과 같이 진행합니다.

'나는 누구에게 가장 화를 많이 내는가'
① 학생들과 함께 영상을 봅니다.

② 자신에게 화가 났던 때를 떠올립니다. 그때 내가 했던 말과 행동은 무엇이었고, 그 안에 숨은 나의 진짜 마음은 무엇인지 적어봅니다.

③ 가족에게 화가 났던 때를 떠올립니다. 그때 내가 가족에게 했던 말과 행동은 무엇이었고, 그 안에 숨은 나의 진짜 마음은 무엇인지 적어봅니다.

④ 우리 가족이 나에게 화를 냈던 때를 적어봅니다. 그때 가족이 내게 했던 말과 행동은 무엇이었고, 그 안에 숨은 가족의 진짜 마음은 무엇인지 적어봅니다.

⑤ 지금까지 적은 내용을 종합해 가족에게 마음을 표현하는 글을 적어봅니다.

학생들이 자신과 가족을 돌아보는 기회를 갖는 것만으로도 충분히 의미 있는 활동이라고 생각합니다. 여기서 좀 더 나아가, 각자 쓴 내용을 반 친구들과 함께 나누며 공감하는 시간을 가질 수도 있습니다. 글쓴이가 누구인지 알 수 없게 익명으로 하고, 특정인을 떠올리게 하거나 민감한 내용은 편집하도록 합니다. 또는 부모님께 학생이 적은 것을 편집해서 문자로 보내드릴 수도 있습니다. 이 경우 학생들에게 사전에 알리고, 원치 않는 학생은 보내지 않도록 배려해주세요. 학생들이 진솔하게 적은 글은 좋은 상담 자료가 되기도 합니다. 마음의 상처가 있는 학생이 있다면 따로 불러 위로해주세요. 자기 이야기에 선생님이 귀 기울인다는 것만으로도 위로가 될 것입니다.

감사는 '표현'해야 합니다

매년 찾아오는 스승의 날, 학급에 따라 차이가 있겠지만 대부분 담임 선생님은 반 아이들에게 감사의 인사를 듣게 됩니다. 반대로 담임 아닌 선생님들은 다소 허전하게 보낼 수도 있는 날입니다. 감사의 마음은 받는 사람뿐 아니라 건네는 사람에게도 큰 기쁨과 성장을 줍니다. 교사 입장에서 스승의 날을 부담스러워하기보다는 오히려 아이들에게 적극적으로 감사의 의미를 일깨우게 해주는 것은 어떨까요? 이에 학생들과 함께 우리 반에 들어오는 선생님들 모두에게 감사 인사를 드리는 활동을 기획했습니다.

앞에서도 말씀드렸듯이 활동의 참여율과 진정성을 높이려면 일단 부담이 없어야 합니다. 교과 선생님들께 감사 메시지를 손글씨로 쓴다면, 처음엔 기분 좋게 쓰기 시작하더라도 나중엔 귀찮은 마음만 남기 일쑤입니다. 그래서 저는 설문조사 양식을 활용해 온라인으로 취합합니다.

　설문 양식에는 담임을 제외하고 수업에 들어오는 모든 선생님을 넣습니다. 교과 선생님뿐 아니라 사서, 상담, 영양, 보건 선생님, 안전지킴이 등 학교 공동체의 다양한 구성원을 포함해도 좋습니다. 설문지는 적당한 시간을 정해 교실에서 작성하면 좋아요. 스마트폰이 없는 학생이 있다면 노트북에서 쓰도록 합니다. 활동하기 전에 조금이라도 마음을 담아 쓰도록 이렇게 말해주세요. "한두 줄이라도 좋으니 선생님들께 마음을 담아 써줬으면 좋겠다. 하나를 쓰고 나머지 칸에 다 똑같이 복사해 붙여넣기 하면, 받으시는 선생님들은 모르시겠지만, 나는 편집할 때 다 보인다." 물론 이렇게 말해도 다 같은 내용으로 채우는 학생이 있습니다. 그러려니 합니다. 강제하고 압박할수록 마음 없는 글만 얻습니다.

설문 양식 예시

　설문조사를 마치면 엑셀로 저장하고 편집 작업을 합니다. 틀과 글씨체 등을 설정하고 내용을 복사 붙여넣기 해서 보기 좋게 편집합니다. 마지막 장 아래 여유 공간이 있다면 학급의 단체 사진도 한 장 넣습니다. A4 크기로 인쇄해 코팅하고 펀치로 구멍을 뚫어 링으로 묶어 완성합니다.

　완성된 결과물은 학생들이 직접 전달합니다. 과목별로 두세 명씩 조를 편성하는 것이 좋습니다. 저는 스승의 날 하루 전, 조회 후 바로 드리게 하고 있습니다. 뜻밖의 선물에 많은 선생님이 좋아하며 직접 학생들에게 감사의 답장을 메시지로 보내는 분들도 있습니다.

활동을 마무리하며 저는 이동진 평론가의 영화 〈만추〉 한 줄 평 '사랑은 시간을 선물하는 일'을 전했습니다. 이렇게 시간을 선물해주는 기회를 만드는 것이 담임의 역할입니다. 매년 스승의 날이 찾아올 때마다 나는 어떤 교사였고, 지금은 어떤 교사인지를 생각해보게 됩니다.

> **담임 선생님을 위한 팁**
>
> ## 학생들이 제시하는 '오늘의 종례 멘트'
>
> 종례는 담임이 공지사항 전달하고 끝나는, 매우 형식적인 시간에 그치기 쉽습니다. 함께한 하루의 마무리 인사에 학생들을 참여시킴으로써 조금 변화를 가져보면 어떨까요? 담임 단톡방에서 아이디어를 얻은 방법인데, 번호 순서대로 하루의 마무리 인사말을 정하게 하는 것입니다. 점심시간 끝나기 전까지 받아서, 종례 때 말하고 학급 단톡방에도 올립니다. 어떤 말을 해야 하나 막막할 수 있으니 도움이 될 만한 인사말 예시를 미리 안내해주어도 좋습니다. '오늘도 수고했어요. 감기 조심하세요.'와 같은 일반적인 인사말도 있고 '오늘은 눅눅해서 치킨이 당기는 날입니다. 맛있는 음식 먹으며 상쾌한 기분으로 하루 마무리하시길 바랍니다.'와 같이 감성적인 인사말도 있습니다. 세월호 추모일에는 '잊지 않겠습니다. 기억하겠습니다.'를 보내오는 학생도 있었습니다.
>
> 인사말 대신 오늘 학급에서 있었던 즐거운 일, 인상적인 일 등을

적게 할 수도 있습니다. 사실 담임은 학급에서 무슨 일이 일어나는지 잘 모르니까요. 오늘 기억에 남는 일, 인상적인 순간을 하나씩 기록한다면 그것이 모여 학급일지가 됩니다. 한 달간 꾸준히 기록한 것을 모아 '우리의 한 달'을 게시하는 방법도 있습니다. 제목은 〈월간 ○반〉 어떠신가요?

6월

5월까지 열심히 활동하셨다면, 학급 학생들은 선생님이 어떤 활동을 제시하든 대체로 원만하게 따라올 것입니다. 반을 위한 담임의 마음, 노력, 정성을 인정하고 신뢰가 쌓인 것이죠. 이때쯤부터 '성장'과 관련한 기획을 시도하기 좋습니다. 육아 프로그램에서 오은영 박사가 이런 질문을 했습니다. '육아의 궁극적인 목표는 무엇일까요?' 그가 제시한 답은 '독립'입니다. 우리 담임의 지향점도 어떻게 보면 '독립시키는 것'입니다. 학생들이 주체적인 삶을 살아가도록 '독립을 위한 힘', 중요한 기본습관과 태도를 갖출 수 있는 기회를 제공해야 합니다. 그래서 6월은 안정된 학급에 성장의 기회를 부여하는 달이라고 생각합니다.

 활동 13

우리가 만난 지 100일

첫 만남을 3월 2일로 잡으면, 6월 9일은 100일이 되는 날입니다. 달력에 미리 메모해두세요. 100은 의미를 부여하기 좋은 수입니다. 그냥 지나치면 별다를 것 없는 날이지만, 기념하면 특별하게 기억될 순간을 만들 수 있습니다.

당일 아침 학급 단톡방에 오늘이 어떤 날인지 물어봅니다. 아마 생각지도 못한 다양한 답들이 나올 것입니다.

오늘은... 시험 D-20입니다.
구강 보건의 날?
드라마〈○○○○〉마지막 방송일
'○○○' 컴백하는 날!

2부_ 알아두면 쓸모 많은 월별 학급 활동

조회 시간에 '우리가 함께한 지 100일' 되는 날임을 이야기하며 함께 기념합니다. 만약 간식을 나눠준다면 그냥 주기보다는 간단한 쪽지를 붙여 주는 것이 좋겠지요. A4 종이에 '벌써 우리가 100일!'을 한 글자씩 크게 인쇄해 칠판이나 칠판 위쪽에 붙이고, 그 앞에서 100일 기념 단체 사진도 찍습니다. 말로만 하는 축하와는 사뭇 다른 분위기를 만들 수 있습니다.

100일 기념 쪽지를 붙인 간식(위)과 칠판에 붙인 축하 포스터.

3월 처음 만난 날 찍었던 단체 사진도 이때 한 번 더 활용됩니다. 사진 주위에 여백을 충분히 두고 흑백으로 2장 인쇄해 남학생과 여

학생이 각각 100일 소감을 적도록 합니다. 이것을 코팅하여 게시판에 붙여 놓습니다.

단체 사진에 편집한 100일 소감.

이 활동은 만난 지 200일, 졸업 100일 전, 100번째 등교일 등 다양하게 응용될 수 있습니다. 1학년 5반이라서 만난 지 105일을 기념할 수도 있고요. 어떤 의미를 부여하느냐 따라 평범한 날이 특별한 날로, 별 일 없는 하루가 별 일 있는 하루로 바뀝니다. 거기다 담임이 간식까지 주는데 싫어할 리가 있을까요. 금세 잊어버릴 일상에 귀중한 순간을 새겨 넣는 것은 삶을 의미 있게 만들어줍니다. 그런 순간을 만드는 것은 우리 담임의 몫이죠.

 활동 14

책을 읽읍시다

독서가 정말 좋은 습관이라는 것은 누구나 인정합니다. 알지만 꾸준히 실천하기 어려운 습관인 게 문제죠. 특히 중고등학생이 되면 책 읽는 시간이 크게 줄어듭니다. 학급에서라도 책 읽기 습관을 들이는 것이 필요한 이유입니다. 5, 6월부터 한 달에 한 권 읽기를 해보세요. 선생님만의 독서 기록 양식을 만들어보셔도 좋습니다. 매달 정해진 날짜에 기록지를 제출하게 합니다. 제출날이 다 되어서야 몰아 쳐 읽고 대충 적는 경우가 많으니 하루에 10쪽씩 꾸준히 읽을 수 있도록 매일 인증 이벤트를 하는 방법도 있습니다.

독서를 응원하는 마음으로 책갈피를 만들어 선물해보세요. 학생들에게 '나만의 꽃 심기' 테스트를 하게 한 뒤 그 결과를 활용해 책갈피를 만듭니다. 테스트를 살펴보니 질문이 세심하다는 느낌을 받았습니다. 모든 결과에 부정적인 설명이 없고, 결과물에 개별 이름이 나오는 점도 좋았습니다. 이 테스트 결과를 활용하지 않고 학생이 좋아하는 짧은 글귀를 미리 받아서 책갈피로 만들어 주셔도 좋습니다.

책갈피 사이즈는 너무 크면 부담스럽고 작으면 글씨가 잘 안 보이므로 A4 한 장에 여섯 개 정도 들어가도록 편집해 인쇄합니다. 인쇄 후 잘라서 코팅하고 펀치로 구멍 뚫은 뒤 리본 끈을 잘라 끼워주면 마무리됩니다. 어디서도 받지 못할 핸드메이드 책갈피입니다.

테스트 결과를 인쇄해서 만든 책갈피.

'나만의 꽃 심기' 테스트

2부_ 알아두면 쓸모 많은 월별 학급 활동

〈우리 반의 좋은 습관 프로젝트〉
매달 1권 이상 책 읽기(5월)

나는 (　)반 (　)번 (　)입니다.

좋은 책으로 인생이 변하는 계기를 만들 수 있으니,
귀찮아하지 말고 본인이 끌리는 좋은 책을 읽기를….

* 이번 달에 내가 읽을 책은 (책 제목, 저자 적기)

* 책에서 인상 깊었던 구절, 내용, 생각, 상황, 인물, 주장 등에 대해 자신의 생각을 덧붙여 적어보자.

'좋은 책을 읽는 것은 과거의 훌륭한 사람들과 대화하는 것과 같다.'

습관 프로젝트

'인생의 후반부는 전반기 동안 만든 습관으로 이루어진다.'는 말이 있습니다. 좋은 습관 만들기 프로젝트를 시작하기 전, 학생들에게 취지를 잘 설명해주는 것이 필요합니다. 학생 때부터 좋은 습관을 만들어 꾸준히 유지한다면 인생 후반부에 큰 힘이 될 거라고요. 담임의 욕심이 아니라 학생 자신을 위한 것이라는 '밑밥'을 잘 뿌려주어야 시작의 저항이 줄어듭니다.

먼저 설문지를 나눠주고 각자 갖고 싶은 습관을 선택해 적게 합니다. 사진이나 글로 인증이 가능하며 간단하고 꾸준히 할 수 있는 것을 정하도록 안내합니다. 별것 아니게 보이는 습관이라도 긍정적인 변화를 줄 수 있다면 인정해주세요. 처음부터 무리하게 시작할 필요는 없습니다. 인증하기 좋은 도구는 사진에 날짜와 시간이 찍히는 타임 스탬프 앱입니다.

습관별 사진 인증 방법

매일 운동하기: 운동 전후 인증

아침 또는 자기 전에 물 한 잔: 물 따르거나 담긴 컵 인증

독서: 그날 읽은 마지막 페이지 인증

아침밥 챙겨 먹기: 식사 전 또는 식사 후 그릇 인증

그리기: 결과물 인증

뉴스 보기: 인상적인 뉴스 캡처 인증

할 일 목록 작성하기: 플래너 인증

일기 쓰기: 내용은 흐리게, 날짜는 잘 보이게 인증

프로젝트의 취지와 방법을 담은 포스터를 만들어 분위기를 조성해도 좋습니다.

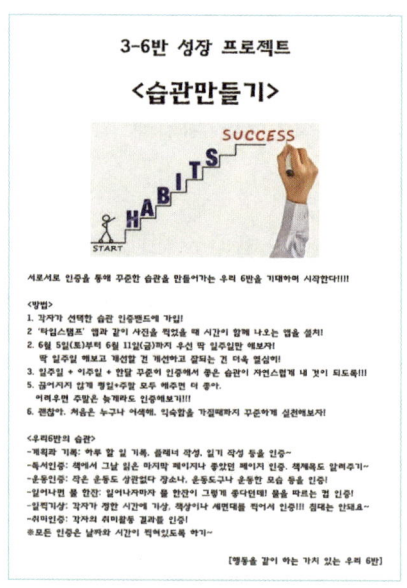

우리 반 성장 프로젝트: 습관 만들기

서로서로 인증을 통해 꾸준한 습관을 만들어가는 우리 6반을 기대하며 시작한다!

〈방법〉
① 각자가 선택한 습관 인증밴드에 가입!
② '타임 스탬프' 앱처럼 사진을 찍었을 때 시간이 함께 나오는 앱을 설치!
③ 6월 5일(토)부터 6월 11일(금)까지 우선 딱 1주일만 해보자! 딱 일주일 해보고 개선할 건 개선하고 잘되는 건 더욱 열심히!
④ 끊어지지 않게 평일+주말 모두 해주면 더 좋아. 어려우면 주말은 늦게라도 인증해보기!
⑤ 괜찮아. 처음은 누구나 어색해. 익숙해질 때까지 꾸준하게 실천해보자!

〈우리 6반의 습관〉
- 계획과 기록: 하루 할 일 기록, 플래너 작성, 일기 작성 등을 인증
- 독서 인증: 책에서 그날 읽은 마지막 페이지나 좋았던 페이지 인증. 책 제목도 알려주기
- 운동 인증: 작은 운동도 상관없다. 장소, 운동 도구, 운동한 모습 등을 인증
- 일어나면 물 한 잔: 일어나자마자 물 한 잔이 그렇게 좋다던데! 물을 따르는 컵 인증!
- 일찍 기상: 각자가 정한 시간에 기상, 책상이나 세면대를 찍어서 인증. 침대는 안 돼요!
- 취미 인증: 각자의 취미 활동 결과를 인증!

처음에는 우리가 습관을 만들지만 그다음에는 습관이 우리를 만든다.
-존 드라이든

▶ 습관 체크 방법 1. 스탬프 쿠폰

교사와 학생 간 소통에 좀 더 역점을 두고자 한다면 교사가 직접 인증해주는 방법을 택합니다. 카페의 음료 쿠폰처럼 습관을 인증할 때마다 선생님이 직접 도장을 찍어주는 것입니다. 인증 결과가 한눈에 보이고, 인증 사진을 보내올 때마다 말 한마디 더 나눌 기회를 얻게 됩니다.

교사가 직접 인증하지 않고 학급에서 같이 관리하는 분위기를 형성하는 방법도 있습니다. 학급 단톡방에 학생들이 인증 사진을 올리면 담당하는 학생이 도장을 찍어주는 방법입니다. '습관관리위원회'를 만들고 관리위원 두 명을 정해 전담하게 하거나, 기상팀, 독서팀 등 습관 유형별로 팀장을 뽑아 관리하게 할 수도 있습니다. 독려, 확인, 관리 역할을 학생들이 직접 해내다 보면 책임감을 기르게 됩니다. 또한 다른 학생의 인증 사진을 보고 자극받아 참여의 분위기가 자연스럽게 만들어지는 장점도 있습니다. 선생님은 하루 시작할 때와 마무리할 때 독려하는 메시지를 올리는 것만 해도 충분합니다.

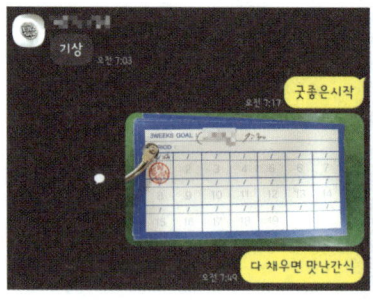

음료 쿠폰처럼 습관을 인증할 때마다 도장을 찍어준다.

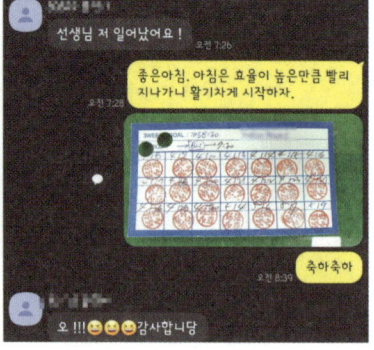

쿠폰 한 장을 다 채우면 비타민 음료 교환권 같은 간단한 보상을 보내줍니다. 다음에는 기존 습관을 유지하면서 습관 하나를 더 추가합니다. 방식이나 진행은 학생과 충분히 협의하며 정합니다. 이렇게 쿠폰 점수를 늘리며 점진적으로 습관을 키웁니다.

시작은 다 같이 해도, 지속하기는 정말 어려워요. 1주일 또는 2주일만 해보는 것을 목표로 설정하세요. 매일 체크하는 방식의 큰 단점은 역시 번거로움입니다. 어느 정도 자리를 잡으면 2학기에는 방식을 바꿔 쿠폰에 스스로 사인해서 인증하도록 할 수도 있습니다. 하다 보면 조금씩 개선할 수 있는 방법들이 보입니다.

습관 만들기 운영 기간에는 '오늘의 글'을 주로 습관과 관련된 내용으로 올려주시면 좋습니다.

➡ 습관 체크 방법 2. 온라인 커뮤니티 활용

습관 프로젝트의 옵션 체크는 인증이 편리한 네이버 밴드를 추천합니다. 밴드를 활용하면 관리가 편합니다. 인증 기간과 인증 방식을 정해 미션을 올리면 미션 마감일에 각자가 인증한 일수를 앱에서 알아서 정산해줍니다. 이것을 이용하려면 네이버 계정을 갖고 있어야 합니다. 저는 습관을 6개 영역으로 구분했어요. ① 플래너, 일기, 하루 정리 팀, ② 기상 팀, ③ 물 한잔 팀, ④ 운동 팀, ⑤ 독서 팀, ⑥ 취미 팀.

습관 밴드를 비공개로 만들고, 미리 미션을 만들어둡니다. 시작일, 기간, 인증 요일, 규칙을 설정하세요.

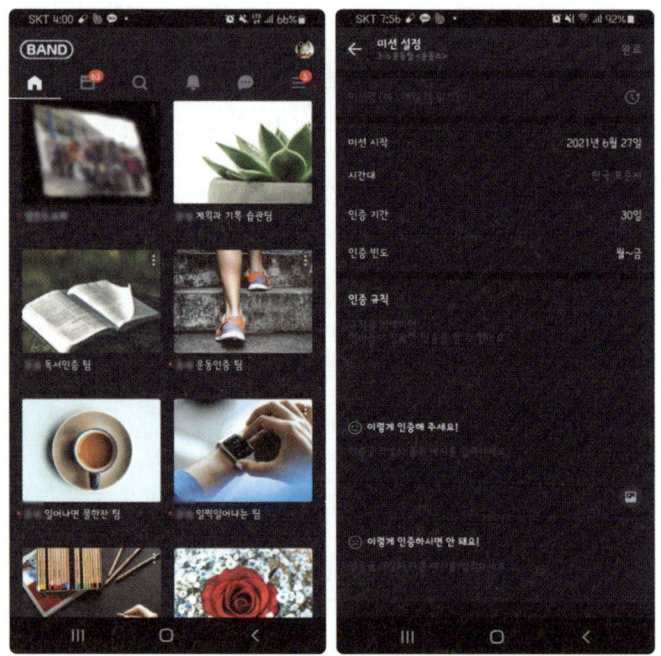

습관별 채팅방 운영.

습관별로 채팅방을 만들어 해당 학생을 초대하고 밴드 초대 링크를 보냅니다. 채팅방에서 습관 밴드 이름을 정하게 해보세요. 결정되면 기존 밴드 이름을 수정하면 됩니다.

기상 팀: 일찍 일어나는 새가 존다?
기록 팀: 계획이 없는 목표는 단지 소원일 뿐이다.
독서 팀: 종이는 펄프요, 글자는 잉크로다.

물 한잔 팀: H20

취미 팀: 불광불급

인증 방식은 타임 스탬프 앱 등을 이용한 사진 인증입니다. 시범 운영으로 인증 기간을 1주일만 해보세요. 당연히 선생님도 함께 참여해서 인증합니다. 선생님의 솔선수범으로 교육하세요. 설정한 기간이 끝나면 밴드에서 각각의 인증 일수를 확인할 수 있습니다.

기간과 인증 횟수가 적힌 인증서를 만듭니다. 틀만 만들고 기간과 횟수는 수기로 기록하는 것이 편합니다. 인증서에 담임만의 도장을 찍어주면 좀 더 그럴듯하게 보입니다.

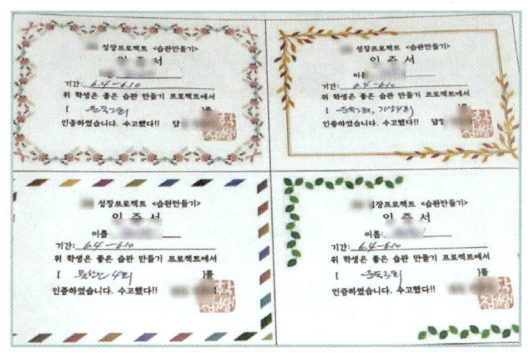

습관 만들기 기간이 끝나면 기간과 인증 횟수를 적은 인증서를 수여한다.

인증서만으로 성취를 체감하기에는 약간 아쉬울 수 있습니다. 저는 인증할 때마다 사탕을 하나씩 봉투에 넣어주는 방법을 선택했습니다. 인증한 만큼 사탕이 쌓이면 자신의 성취를 눈으로 볼 수 있기 때문입니다. 미션이 끝난 다음 날 등교하는 학생들에게 수고했다고 말하면서 인증서와 사탕 봉투를 주면 좋아합니다. 주면서 개별 사진도 찍어보세요. 방과 후에는 찍은 사진을 보내면서 한 번 더 소통의 기회를 가질 수 있습니다. 한마디라도 주고받는 기회를 자연스럽게 만들어낼수록 관계는 점점 좋아지게 되죠.

인증서가 담긴 사탕 봉투(왼쪽)와 개별 기념 사진.

1주일 활동을 해보고 학생들에게 피드백을 받습니다. 솔직하게 적어주면 개선할 점이나 교사가 놓친 부분을 챙길 수 있어 도움이 됩니다. 학생들에게 계속 참여할지 의사를 확인한 뒤 모두 원한다면 프로젝트를 이어갑니다. 인증서는 하나씩 더 인쇄해 개인 공간(사물함)에 계속 붙여줍니다.

습관 만들기 피드백 양식

학생 피드백

아주 짧은 시간 동안 이 활동을 했지만, 어느 순간부터 습관이 되었던 것 같다. 아침에 일어났을 때, 사진 찍는 것부터 생각이 나고, 어느 순간부턴 그냥 책상에 앉으면 탭을 켜서 사진 찍는 것 같았다. 원래 아침에 일찍 일어나려고 다짐까진 아니고 그냥 눈이 떠지면 학교를 가곤 했는데, 아침에 사진을 찍으면서 내가 이렇게 꾸준히 일찍 일어난다는 것이 뿌듯했고 조금 더 인지하게 된 것 같다. 근데 계획팀은 사진을 블러 처리하는 것이 너무 귀찮았다. 계획은 항상 하고 있지만, 내가 새벽에 계획을 마무리해서 계속 늦어지는 듯한 느낌이 들어서 아쉬웠다.

내가 습관을 들이고 싶지만 나 혼자 할 때는 자꾸 포기하게 되고 다음으로 미루게 되었는데 미션 인증을 하면서 제대로 습관을 들일 수 있어서 좋았다.

하지만 아쉬웠던 점은 아예 참여하지 않는 친구도 있는 것 같았다는 점이다. 다같이 참여하면 더 좋을 것 같다!

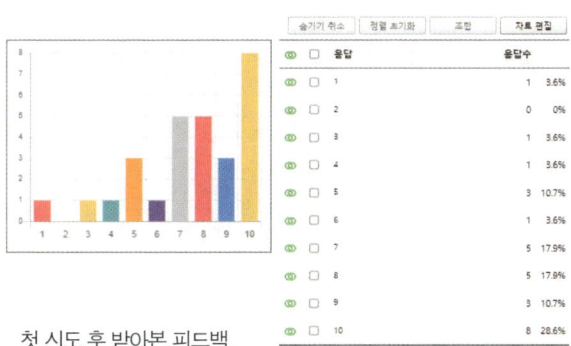

첫 시도 후 받아본 피드백.

다음에는 2주일 인증을 계획하고 있습니다. 변화는 반복으로 만들어집니다. 계속 참여할 것인가요?

 습관 프로젝트를 하다 보면 인증하지 않는 학생이 분명 있을 겁니다. 한 번이라도 하면 좋겠다고 격려해주세요. 저는 단 한 번이라도 인증한 학생에게는 기꺼이 인증서를 만들어줬습니다. 의욕 없는 학생이 한 번이라도 참여한다면 그것도 칭찬해줄 일이라고 생각합니다. 습관 프로젝트는 시험 전이나 방학 전까지 운영해보세요.

 학생들과 함께 습관 프로젝트를 하면서 저는 저만의 시간을 좀 더 갖고 싶어서 새벽 3시 30분 기상에 도전했는데, 반 학생 중 한 명이 제 도전을 따라 3시 기상을 실천했습니다. 대단한 학생이죠? 이 학생의 생활기록부에는 이런 주도적인 면모에 대해 기록해주었습니다.

 습관은 살아가며 평생 노력해야 할 부분입니다. 우리를 변화시키는 것은 한 번의 행동이 아니라 반복으로 만들어진 습관입니다. 나의 습관이 내가 누구인지를 보여준다는 말처럼, 가치 있는 자신을 위해 함께 다짐하고 꾸준함을 가지려는 노력을 학급 공동체에서 함께 해나가길 응원합니다.

시험 응원: 학부모 편

6월 시험 응원의 키워드는 '학부모'입니다. 시기가 꼭 정해진 것은 아니니 1학기 첫 시험이나 학기 말, 올해 마지막 시험 언제 하든 좋습니다. 저는 1학기 말 시험에 주로 하며 아버지, 어머니의 응원을 모두 받습니다.

먼저 학부모 모두에게 자녀를 위한 응원 메시지를 부탁하는 문자를 보냅니다.

> 안녕하세요. 담임입니다. 벌써 학년의 한 학기를 마무리하는 시험을 앞두고 있네요. 체력관리 및 학습관리에 신경 써서 자신의 실력을 잘 발휘할 수 있기를 바랍니다. 한 가지 부탁을 드리고 싶어 메시지를 드렸습니다. 부모님의 응원을 자녀에게 전달하고 싶습니다. 자녀에게 보내고 싶은 응원 메시지나 해주고 싶은 이

야기를 보내주시면 제가 잘 정리해서 시험 전날쯤 전하도록 하겠습니다. 어머니, 아버지 따로 주시는 것이 더 좋습니다. 이번 주 ○요일까지 꼭 부탁드립니다. (자녀가 알지 못하도록 비밀 유지 부탁드립니다.)

메시지를 받으면 복사해서 엑셀 명렬표에 정리합니다. 메시지를 받아 읽다 보면 은근한 감동이 있어, 매년 하게 됩니다.

부모님 중 한 분이라도 보내주시면 괜찮지만 모두 안 보내시는 경우는 곤란합니다. 부탁드린 날짜가 지나면 다시 부탁을 드립니다. 혹시라도 메시지를 주기 어려운 상황이면 통화로 녹음하고 기록해도 됩니다. 학생의 가정환경에 따라 유연하게 적용하세요.

학부모가 보내준 응원 메시지를 편지지에 인쇄해 간단한 간식과 함께 포장한다.

응원 메시지가 다 모였다면 편지틀에 넣어 인쇄하고 잘라줍니다. 가급적 두꺼운 종이에 인쇄하거나 인쇄 후 코팅합니다. 코팅할 때는 라운드 커팅기로 테두리를 다듬는 것이 좋습니다. 메시지 작업이 완성되면 준비한 간식에 붙입니다. 메시지는 부모가, 간식은 선생님이 준비하는 셈입니다.

준비한 응원 메시지와 간식은 시험 전날 또는 당일에 나눠줍니다. 처음엔 당일에 주었는데 시험에 집중하기 어려웠다는 학생이 있어서 전날을 더 추천합니다. 눈물 날까 봐 그 자리에서 안 보고 그냥 챙긴 학생도 있었습니다. 예상치 못했던 응원이라 더 좋아했던 것 같아요. "너희를 응원하는 사람이 있다는 걸 잊지 마라." 한마디 해주며 응원을 마무리합니다. 학부모에게는 응원 메시지를 잘 전달했다는 메시지를 보냅니다. 학생들이 집에 가서 말하면 알게 되겠지만 별 내색을 안 하는 학생들도 있기 때문입니다.

부모님의 응원에 대한 답장과 방학 전 활동 아이디어를 작성하는 작성지. 자세히 보면 실수한 부분이 있습니다. 무엇일까요? 학생 이름 적는 칸을 누락하는 바람에 누가 작성했는지 일일이 찾아야 하는 번거로움이 생겼습니다. 저처럼 빼먹지 마시길 바랍니다.

이렇게 끝내기가 아쉽다면 시험 끝나고 이 활동을 확장할 수도 있습니다. 부모님의 응원에 학생들이 답글을 쓰는 것입니다. 온라인 작성지를 만들어 단톡방에 올립니다. 이참에 시험 후에 같이 하고 싶은 활동 의견도 함께 받으면 좋죠. 학생의 답글도 엑셀에 저장한 뒤 부모님에게 〈○○의 답장〉이라는 제목을 달아 각각 전달합니다.

부모님의 특별한 응원 메시지는 학생, 학부모, 담임 모두에게 좋은 순간으로 기억됩니다. 학급 활동은 좋은 씨앗을 뿌리는 작업입니다.

'내일의 모든 꽃은 오늘의 씨앗에 근거한 것이다.'

기말고사 문제 품앗이

4월에 지원자를 받아 진행하던 문제 품앗이 1탄에 이어 이번에는 반 전체가 함께 참여하는 2탄입니다. 방법은 1탄과 비슷하며, 시험 2~3주 전부터 준비합니다. 함께 공부하면 든든하고, 자신이 만든 문제가 시험에 나오면 기분이 얼마나 좋을까요. 다른 사람을 이기는 것보다 서로 협력하여 성장하는 것이 더 귀하고 중요합니다.

문제 품앗이 2탄

① 시험 보는 과목(담임 과목은 제외) 중 자신 있는 과목을 2개 선택하게 합니다.

② 인원을 적절히 배분하고 과목별 인원대로 시험 범위 중 담당 범위를 정합니다. 각자 맡은 과목과 범위가 결정되면 첫 번째 준비가 끝납니다. 인원이 많다면 과목마다 문서 편집만 담당하는 지

원자를 한 명씩 둘 수도 있습니다. (이 경우 담임의 편집 작업이 조금 수월해집니다.)

③ 시험지 양식을 공유합니다. 한글 프로그램이 없는 학생에게는 윈도우 기본 프로그램인 워드패드로 양식을 만들어 제공해주세요. 틀이 명확하게 제공되고 안내가 정확해야 선생님의 작업이 편해집니다.

④ 제출 기한을 정합니다. 시간을 넉넉히 준다고 해서 좋은 문제가 나오는 것은 아니므로 제출 기간은 최대 3일 정도 주는 것이 적당합니다.

⑤ 문제 개수는 한 과목당 두세 문제, 한 사람이 다섯 문제 정도면 적당합니다. 다섯 문제를 주고 100문제 이상을 얻는 셈입니다. 시험 범위까지 진도가 아직 안 나간 부분이 있다면 본인이 미리 살펴보고 중요하게 보이는 것을 출제하게 하세요. 과목별로 모여 출제를 협의하면 더 좋습니다.

⑥ 문제와 함께 답안을 따로 작성합니다. 답안에는 간단한 해설도 적게 하세요. 교과서 몇 페이지, 활동지 몇 페이지 등 출처를 밝혀도 좋습니다. 국어, 영어는 본문이 필요한 경우가 있으므로 교과서 파일을 미리 준비해두었다가 요청하는 학생에게 보내주세요.

⑦ 제출 기한까지 문제와 답안을 취합합니다. 문자 메시지, 메일 등으로 받으면 됩니다. 기한 내 제출하지 않은 학생들에겐 독촉해서 받습니다. 이 과정에서 담임이 조금 지칠 수 있는데, 제 경험

의 팁을 드리면 학생들에게 문제 번호를 미리 지정해 줍니다. A에겐 국어 1, 2, 3번, B에겐 국어 4, 5, 6번 이런 식으로요. 번호가 지정되면 아무래도 좀 더 책임감을 느끼는 것 같습니다.

⑧ 이제 담임의 수고가 많이 들어가는 가장 번거로운 단계, 바로 편집에 들어갑니다. 메일에 문제를 그냥 적어 보내는 등 작성 규칙을 제대로 안 지킨 것들이 있다면 수정 작업을 해야 합니다. 학생들이 보내준 파일은 진도 순서대로 '01국어-000'처럼 과목과 번호를 붙여 수정합니다. 같은 범위일 경우 같은 번호를 붙이세요. 이제 하나의 틀에 문서번호 순서대로 문제를 복사 붙여넣기 합니다. 다 붙여넣고 나서 시험 원안지처럼 편집하면 됩니다. 문제 파일이 완성되면 답안지 파일을 만듭니다. 문서 편집자가 따로 정해진 경우 이 작업까지 맡기고 파일을 받으세요. 여기에 선생님께서 보완해서 마무리하면 됩니다.

⑨ 인쇄와 모의고사 시험 보는 과정은 중간고사 때와 동일합니다.
(72쪽 참고)

문제 품앗이는 교사가 신경 써야 하는 부분이 많긴 하지만, 공부하는 학급 분위기를 만들고 학생들에게 협력의 힘을 경험하게 해주어 매우 의미 있는 활동입니다. 매 시험은 아니더라도 적어도 1년에 한 번은 어떤 방식으로든 시도해보길 추천합니다.

중학교는 등급을 매기지 않는 절대평가이기 때문에 모두 함께 좋은 점수를 받아보자고 제안하면 학생들이 대체로 잘 받아들이지만, 등급이 나뉘는 고등학교는 내가 도움을 주면 상대적 위치가 낮아져 등급에 손해를 본다는 마음에 참여를 꺼릴 수 있습니다. 그 학생의 마음이 잘못되었다고 생각하지는 않지만, 그런 반응을 마주하는 현실이 씁쓸합니다. 사회에서 정말 필요한 사람은 다른 사람들과 협력하여 목표를 이루어내는 사람임을 학교에서 경험하게 해주고 싶습니다. 지필평가를 끝내면 이제 1학기가 끝나는 느낌이죠. 방학이 있는 기쁜 달, 7월로 넘어가겠습니다.

7월

때맞춰 학급 활동을 하면서 의미 있는 순간을 만들다 보면 한 학기가 금세 지나갑니다. 학기말 시험이 끝나고 학생들도, 학급 분위기도 느슨해지기 쉬운 7월에 하기 좋은 활동을 소개합니다. 7월은 다가올 방학을 기대하며 한 학기를 정리하는 달입니다.

 활동 18

스파게티 챌린지

학기말 시험이 끝난 후 모둠 활동으로 추천합니다. 물건의 하중을 견디는 견고한 구조물을 함께 만드는 활동입니다. 수학, 과학, 건축 등을 잘 몰라도 활동에는 전혀 문제없습니다. 몇 년 전부터 알고 있던 활동인데 최근에서야 해보게 되었습니다. 아이디어는 시도할 때 의미가 있다는 것을 다시금 깨닫게 되었지요.

스파게티 챌린지 하기

준비물: 스파게티면(한 봉지면 충분하지만 불안하면 두 봉지), 마시멜로(조당 한 봉지씩), 구조물 위에 올릴 튼튼한 판(A4 하드보드지 등)

방법:

① 3~4명씩 조를 나누고 학생들에게 준비물을 나눠줍니다. 말하지 않아도 먹을 테니 선심 쓰듯 마시멜로 한 개쯤은 먼저 맛보

도록 허락합니다. 스파게티 면을 꽂고 손으로 만지작대면 못 먹습니다.

② 구조물의 예시 사진을 보여주고 20~25분 동안 만들게 합니다. 적어도 2층의 구조물을 만들어야 합니다. 높이 기준이 없으면 층의 간격이 거의 없는 꼼수를 부리기도 하니 기준을 꼭 정하세요. 책상에 마시멜로가 붙을 수 있으니 바닥에 종이 한 장을 깔고 시작하는 게 좋습니다. 선생님은 조별로 둘러보며 소통하고 사진도 찍어줍니다.

③ 정해진 작업 시간이 끝나면 조별로 만든 구조물 위에 판을 올립니다. 이제 모든 조가 동시에 물건을 하나씩 올립니다. 동일한

무게의 물건으로는 교과서가 좋습니다. 올리다 보면 구조물이 무너지는 팀이 생깁니다. 마지막까지 무너지지 않은 조가 우승합니다.

 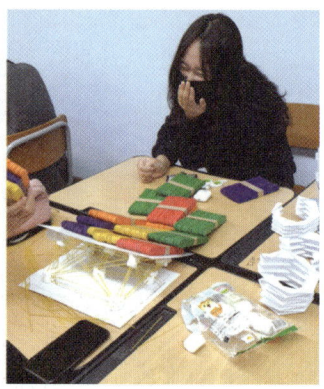

④ 무게 대신 높이를 기준으로 게임할 수도 있습니다. 마시멜로와 스파게티면을 똑같은 양으로 나눠주고 마시멜로 하나를 안전하게 올릴 수 있는 가장 높은 구조물을 만드는 것입니다.

활동은 계획한 대로 흘러가지 않을 수 있습니다. 그래도 괜찮습니다. 시도하면 진짜 현실을 보게 되고, 그 현실은 배움을 줍니다.

활동 19

슬기로운 방학생활

 방학 버킷리스트

드디어 방학입니다. 학생도 선생님도 열심히 달린 만큼 휴식이 필요합니다. 하고 싶은 일들을 적어보는 방학 버킷리스트 활동을 추천합니다. 목록 작성뿐 아니라 간단한 글을 써보는 것도 좋습니다. 글은 관심사와 추구하는 바가 잘 드러나게 되어 학생을 파악하기에 좋습니다. 경험상 이런 활동은 선생님이 먼저 작성하여 보여주면 학생들이 더 구체적으로 작성할 수 있습니다. 학생들이 작성한 것을 스캔하여 학부모에게 문자로 보낼 수도 있습니다. 자녀의 관심사와 소망을 알 수 있는 기회이므로 대부분 좋아하십니다. 다만 학생에게 허락받아 보내는 게 아니니 비밀을 지켜달라고 합니다. (설마 이 책을 어느 제자가 읽지는 않겠죠? 읽고 있다면 미안하다.)

방학 중 생존 신고

방학기간인 7, 8월에 한 번씩 사진으로 자신의 생활을 인증합니다. 개별로 생존 신고를 받을 수 있지만, 서로 어떻게 지내는지 확인해 보자는 의미를 담아 단체 밴드에서 인증하는 것을 추천합니다. 임원들과 방식을 먼저 논의해도 좋습니다. 거창할 것 없고 소소한 하루, 일상의 흔적을 인증합니다. 당연히 선생님도 인증합니다.

방학 중 일상을 인증하며 소통하기.

어느 반도 모두가 친하지는 않을 겁니다. 그저 올려준 사진을 보고 '쟤는 저렇게 보내고 있구나' 잠깐 생각해보는 것도 의미 있지 않을까요? 저는 아이들과 함께하는 사진을 올립니다. 4주 정도 되는 방학 기간, 일상을 공유하며 우리 공동체를 잊지 말자는 활동을 해보세요.

 방학 미션

방학식 날에는 '해볼 만한 하나들'이란 주제로 방학 미션 안내지를 나눠줍니다. 읽고 싶은 책 하나, 만나고 싶은 사람 하나, 하고 싶은 취미 하나, 보고 싶은 영화 하나, 가고 싶은 장소 하나, 먹고 싶은 음식 하나, 부족한 과목 공부 하나, 건강해지는 운동 하나, 가족만의 시간 하나, 새로운 습관 하나, 새로운 도전 하나, 미뤘던 정리 하나 등등 방학에는 이런 '하나'를 해보자고 권합니다.

〈우리 반의 슬기로운 방학생활〉
아프지 말자. 방학 때 아프면 억울하다.
개인방역 철저히. 식중독 조심. 더위 조심.
잘 먹기. 잘 놀기. 잘 쉬기. 잘 자기.
문제나 큰일이 있는 경우 쌤에게 바로 이야기해주기.

〈방학 미션〉
'슬기로운 방학생활'에 우리의 일상을 공유해보자.
특별하지 않아도 방학의 한가함을 누리는 우리를 보여주자.
우리 학급만의 방학 인스타그램처럼 생각해보자!
한 달 동안 만나지는 못해도 함께 하고 있다는 느낌을 가져보기~
인증은 자유입니다~ (하지만 해주길 바란다.)
단, 생존신고 두 번(7, 8월 한 번씩)은 필수.

〈방학 때 해볼 만한 하나들〉
읽고 싶은 책 하나
만나고 싶은 사람 하나
하고 싶은 취미 하나
보고 싶은 영화 하나
가고 싶은 장소 하나
먹고 싶은 음식 하나
부족한 과목 공부 하나
건강해지는 운동 하나
가족만의 시간 하나
새로운 습관 하나
새로운 도전 하나
바빠서 정리 못했던 것 하나 등등 우리가 해볼 것들은 많다.

방학 잘 보내고 더욱 멋있고 건강한 모습으로 만나자!

한가함이란, 아무것도 할 일이 없게 되었다는 게 아니라
무엇이든 할 수 있는 여가가 생겼다는 뜻이다. - 플로이드 델

한 달 정도 못 보니 친구들과 사진 찍는 시간을 주고 단체 사진을 찍습니다. 저는 '2학기는 더 행복하게'라고 프린트해 칠판에 붙였습니다. 서로에게 한 학기 동안 수고했고 방학 잘 보내라는 의미를 담아 패들렛에 인사를 적게 하고 방학 날을 마무리합니다.\

패들렛에 한마디를 남기며 방학 시작하기.

8월
~~~

개학은 늘 빨리 다가오는 것 같아요. 공동체를 벗어나 한 달 정도 보냈으니 여기저기 느슨해진 틈이 보입니다. 8월은 방학 동안 느슨해진 학급을 다시 세워나가는 달입니다. 방학 동안 기본 생활 습관이 무너진 학생들이 많을 겁니다. 항구에 정박한 배들을 다시 바다에 띄워야겠죠. 개학 첫날부터 방학이 있었냐는 듯이 평소처럼 이끌어주시면 됩니다. 학교 생활에 빨리 적응하도록 교실도 자주 돌아보세요. 금세 9월이 찾아옵니다.

활동 20

나의 방학 생활 글쓰기

방학 기간 중 기억나는 에피소드 10개를 기록하는 활동입니다. 등교 첫날에 쓰기보다는 미리 안내하여 이틀 정도 생각하고 정리할 여유를 주세요. 온라인 설문 양식을 활용하면 무작정 쓰라고 하는 것보다 학생들이 좀 더 수월하게 받아들입니다. 각 문항에 선생님의 방학 생활을 예시로 넣어주면 작성에 참고도 되고 선생님과 학생 간에 공감대도 형성됩니다. 저는 주로 방학 중 경험한 시트콤 같은 일상을 메모해 두었다가 적습니다.

나의 여름방학 경험과 기억 첫 번째

장쌤: 아이들을 데리고 백운계곡에 두 번이나 놀러감. 나는 여행을 좋아하지 않지만 물을 보고 좋아하는 아이들의 모습에 자연을 자주 경험하게 해주어야겠다고 생각함. 먹을 것과 텐트만 가져오

면 하루 종일 돈 한 푼 안 들이고 시간을 보낼 수 있어 좋았음.

아래 QR 링크로 들어가면 온라인 설문 양식과 저의 다른 예시도 읽어볼 수 있습니다.

나의 방학생활 에피소드

다음은 학생이 적어준 에피소드의 하나입니다.

아빠랑 영화를 봤다. 아빠는 SF 장르 영화를 보고 싶어 했고 나는 〈보스 베이비〉가 보고 싶었는데 서로 의견 대립을 하다가 〈보스 베이비〉를 보되, 폭발 장면이 나오면 아빠가 보고 싶은 영화를 보기로 타협했다. (아빠가 좋아하는 영화는 폭발도 나오고 사람도 죽어서 싫다는 내 주장 때문이었다.) 그렇게 신나서 영화를 보는데, 글쎄 시작한 지 5분 만에 고래가 폭발을 해버렸다. 이럴 수가, 나는 설마설마해서 벙쪄 있는데 아빠가 깔깔 웃으시면서 나를 놀리셨다. 어처구니가 없고 웃겨서 나도 같이 웃었다. 다시 생각해도 어이가 없고 웃긴 사건이었다.

기록에서 끝내지 않고, 정리한 내용을 예쁜 틀에 넣어 인쇄한 다음 교실에 공유합니다. 번호순으로 한 사람당 한 페이지로 편집하고 인쇄해서 붙이면 교실이 꽉 찹니다. 2학기 첫 소통을 자신의 이야기로 시작하는 것이지요. 그리고 편집한 것은 이미지 파일로 저장해 학부모(어머니, 아버지 모두)에게 문자로 보내드립니다. 방학 동안 함께 지냈어도 자녀가 방학을 돌아보며 쓴 글을 읽으면 또 다른 느낌을 받게 마련입니다. 실제로도 학부모의 반응이 매우 좋습니다.

이 활동에서 제가 주고자 한 의미는 세 가지입니다. 1. 방학은 무의미하지 않다는 것. 2. 사소하더라도 나에게 있던 사건을 기록하면 기억된다는 것. 3. 담임 선생님은 우리와 함께하는 분이라는 것. 기억되는 순간은 의미가 부여된 것들 뿐입니다. 개학하는 주는 이 활동으로 충분합니다.

학생별로 방학 에피소드를 정리한 예시. 양식은 동글님 블로그에서 얻었습니다.
(출처: blog.naver.com/teddy_kitty/10138760412)

 활동 21

내 영혼의 독립운동가

8월 광복절 즈음에 하기 좋은 '내 영혼의 독립운동가 찾기' 테스트를 소개합니다. 가벼운 테스트이지만 독립운동을 위해 헌신한 분들의 이름과 삶을 잠시 생각해보기에 좋습니다.

내 영혼의 독립운동가 찾기 테스트

테스트 결과를 학급 게시판에 유형별로 모아 붙입니다. 예를 들어 '우리 반의 이상적인 혁명가, 박자혜: ○○, ○○, ○○' '우리 반의 꿋꿋한 이상주의자, 유관순: ○○, ○○, ○○' 식으로 써서 교실 앞뒤에 붙입니다.

활동 결과를 보면 우리가 모르는 독립운동가가 참 많다는 것을 알게 됩니다. 우리의 삶은 공짜가 아니며, 누군가의 희생을 통해 누리고 있음을 말해주면서 활동을 마무리합니다.

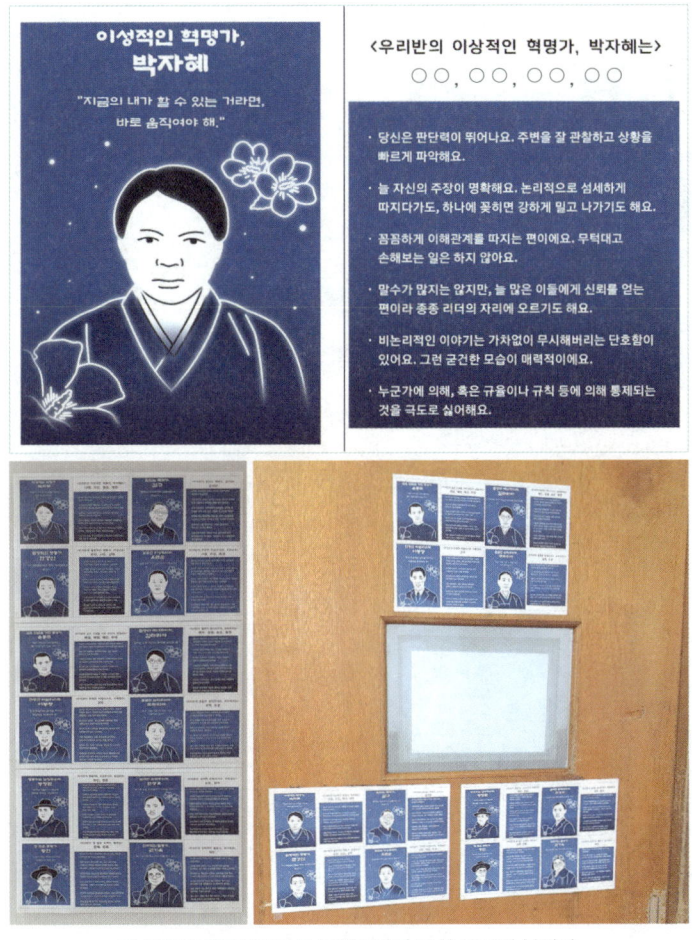

내 영혼의 독립운동가를 프린트하여 교실 곳곳에 붙였다.

9월

한 학기 동안 호흡을 잘 맞춰왔다면 이제 학생들도 담임의 의도를 알고 잘 따라줍니다. 담임의 기획에 학생들도 적응이 된 것이지요. 특히 9월에 하는 시험 응원이나 기념일 이벤트는 1학기 활동과 연계되므로 더욱 익숙할 것입니다.

시험 응원: 서로서로 편

1학기 담임과 학부모의 시험 응원에 이어 2학기 첫 지필평가에는 서로서로 응원해주는 활동을 해보세요. 자신에게 힘이 된 구절, 동기부여가 될 만한 글, 응원 메시지를 미리 생각해보라고 안내합니다. 2, 3일 정도 시간을 준 뒤 학교 자투리 시간을 활용해 다 같이 쓰게 합니다. 온라인 설문으로 받고, 담임 수업 시간을 10분 정도 일찍 끝내고 작성해도 좋습니다.

주고 싶은 사람에게 쓰라고 하면 응원 메시지를 못 받는 학생이 생깁니다. 그런 문제가 발생하지 않도록 모두 최소 하나씩 익명으로 응원을 적고 작업을 거친 결과물을 추첨으로 가지게 합니다. 비방, 비꼬기, 의도가 있는 공격성 멘트는 금지하고, 쓴다고 해도 모두 걸러낼 것이라고 미리 일러줍니다. 원하는 사람은 친한 친구에게 보내는 메시지를 추가로 작성할 수 있게 합니다. 친한 친구에게도 익명으로 보낼 수 있습니다. 익명은 보낸 사람이 누구인지 궁금하고 설레게 만드는 효과가 있습니다. 써주는 기쁨도 있고, 그것을 받는 기쁨도 있는 활동입니다. 다음은 서로 응원을 안내하는 공지 예시입니다

시험 서로 응원하기!

시험을 앞두고 힘이 되고 위로가 되는 메시지로 서로 응원하자. 메시지를 직접 써도 좋고 좋은 글귀를 적어도 된다. 쌤에게 개별 톡으로 보내주세요.

필수: 우리 반에서 나의 메시지를 받을 친구를 위해 (익명으로) 응원 쓰기.
선택: 우리 반이든 다른 반이든 보내고 싶은 내 친구에게 응원 쓰기.
(원하면 익명으로 전달 가능함. 최대 2명까지 가능.)

1번은 월요일에 뽑음.
2번은 쌤이 개별로 전달하겠음.
비방, 비꼬기, 의도가 있는 공격성 멘트는 금지합니다. 중요한 건 마음을 담는 것. 다른 반 친구일 경우 몇 반인지 알려줘야 합니다.

우리 반 추첨용 응원, 같은 반 친구에게 보내는 응원, 다른 반 친구에게 보내는 응원 세 그룹으로 분류해 출력합니다. 특정 친구에게 보내는 메시지는 받을 때 이름과 반까지 파악합니다. 추첨용 응원이 준비되면 한 명씩 나와 자신의 응원을 뽑습니다. 이때는 메시지에

좀 더 집중할 수 있도록 간식은 따로 준비하지 않으며, 코팅 대신 비닐 포장지에 넣어도 됩니다.

자기가 뽑은 메시지는 각자 잘 간직하라고 당부해주세요. 아무리 익명이라도 바닥에 뒹굴거나 버려진 것을 보면 그걸 쓴 친구가 서운할 수 있고, 또 자신에게 보내는 응원을 함부로 하는 사람에겐 행운이 다가오다가 도망갈 수도 있으니까요.

친구들의 응원 메시지.

덧붙여, 앞서 소개한 문제 품앗이를 아직 시도하지 않았다면 그 활동을 할 수 있는 마지막 기회입니다. 12월 시험은 학년말이라 선생님들이 아주아주 바쁠 때이기 때문입니다. 한 사람이 한 문제 내기로 부담을 줄여서라도 꼭 해보시기 바랍니다.

만난 지 200일, 남은 날 100일

우리 만난 지 200일

3월 2일을 기준으로 9월 17일이면 200일이 됩니다. 앞서 100일을 기념했듯 200일도 기념합니다. 1학기에 찍은 단체 사진 중 하나를 골라 흑백으로 인쇄한 후에 각자 한 줄씩 쓰라고 합니다.『마지막 강의』로 유명한 랜디 포시 교수는 이런 말을 했습니다. "무엇보다 자신만의 시간을 무자비하게 지켜내라. 자신만의 시간을 지켜내는 것은 더 꽉 차게 살되 정말 의미 있고 중요한 것에 몰입하는 삶을 말한다. 우리가 가진 것은 시간뿐이다. 언젠가, 생각보다 남은 시간이 많지 않음을 알게 된다."

　의미가 담긴 단체 간식을 준비해도 좋습니다. 저는 조금 억지스럽지만 1+1=2의 의미를 강조하며 쌍쌍바를 사줬습니다. 깔끔하게 쪼개기 미션을 준 뒤 쪼갠 것을 하나씩 들고 단체 사진을 찍었습니다.

200일을 기념하는 단체 사진.

➡️ 올해 남은 날 100일

100이란 숫자는 의미를 부여하기 참 좋은 것 같습니다. 1년에서 100일 남은 날이 언제일까 따져 보니 9월 23일이더군요. 올해 남은 100일 동안 하나라도 목표를 정해 성취해보자는 제안을 해봅니다. 그냥 하자고 하면 안 할 테니, 양식을 만들어서 줍니다. 100일 달력과 일지입니다. 100일의 전날인 9월 22일에 미리 나눠주세요.

100일 카운트다운이 시작되면 담임도 달력과 일지를 함께 작성합니다. 100일 달력은 매일 엑스 자 표시를 하거나 색칠을 합니다. 잘 보낸 날에는 빨간색, 보통은 파란색, 별로인 날은 검은색으로 구분해 표시하다 보면 하루씩 줄어드는 것을 체감할 수 있습니다. 가끔 진행 상황을 체크하며 개별 소통합니다. 무언가를 100일 동안 꾸준히 해내기는 쉽지 않을 것입니다. 중간에 빠진 날이 있더라도 바로 포기하기보다 자신이 어디까지 해볼 수 있는지 확인해보라고 격려해주세요. 누군가에게는 시시해 보일지 몰라도 누군가에겐 삶이 달라지는 계기가 되기도 합니다. 끝까지 가보면 얻어지는 것이 있습니다.

카운트다운 100일을 기념하는 달력과 일지.

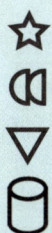

 10월
~~~~~

학기말 시험은 아직 멀었고, 5월처럼 날씨도 좋고, 학급 활동을 하기에도 참 좋은 10월입니다. 학교에선 이때쯤 체육대회, 체험학습 등을 하기도 하죠. 이달은 학급 활동의 또 하나의 정점을 찍을 수 있습니다. 기꺼이 여러 활동을 시도해 보세요.

한글날 맞춤법 도전

가끔씩 맞춤법과 관련하여 마냥 웃어 넘길 수만은 없는 에피소드들이 많이 회자되지요. 한글날을 기념하여 온라인 맞춤법 테스트를 실시합니다. 저는 네이버의 맞춤법 시험을 활용했습니다. 할 때마다 문제가 달라져서 여러 번 풀기 좋고, 친구의 답을 참고하는 요령을 피우지 못해 좋습니다. 오답을 선택하면 정답과 설명을 알려주니 공부도 됩니다. 띄어쓰기가 헷갈릴 만한 문단을 제시해 '띄어쓰기 대회'를 열어보셔도 좋아요.

우선 활동을 알리는 포스터부터 만듭니다. 한글날부터 5일간 100점 맞을 때까지 도전하는 것입니다. 도전에 성공한 화면을 캡처해 보내주면 인증서를 수여합니다. 자신감을 주기 위해 저는 굴욕적인 저의 첫 점수(40점)도 공개했습니다.

네이버 한글맞춤법 문제

무. 한. 도. 전.

우리 6반! 함께 무한도전하자!
10월 9일 한글날 기념으로,
쌤이 하고 싶어서 준비했다.

'도전 주제: 맞춤법'

♣ **방법:**
하나. 쌤이 알려준 링크로 들어간다.
둘.　진지하게 맞춤법 시험을 본다.
셋.　훗, 분명히 100점이 아닐 거다. (쌤은 처음에 40점이었다...)
　　걱정 말고 다시 도전하기!
넷.　안타깝게도 같은 문제가 아닐 거다. 맞춤범 배운다고 생각하자.
　　100점 맞을때까지 끝까지 도전하자!
다섯. 100점을 맞았는가? 화면을 캡쳐해 쌤에게 톡으로 보내준다!
　　(쉽진 않더라...아래 인증 보여주려고 쌤도 꽤 많이 했다.)

♣ **기한:** 10월 9일(한글날)부터 10월 13일(수)까지 딱 5일간!
　　　연휴 동안 쉬면서 도전해봐~ 놀면 뭐하니~
♣ 도전 성공자는 인증서 수여 예정!!

　　　　　　　　　　　　　　　　　　　　기꺼이 해줄 거지?
　　　　　　　　　　　　　　　　무한도전은 앞으로 계속될 거다.
　　　　　　　　　　　　　　　　6반, 그대의 자질은 아름답다

인증해준 학생들에게 인증서와 간단한 간식을 주며 활동을 마무리했습니다. 100점을 도전 목표로 제시했지만, 테스트에 거부감이 있거나 귀찮아하는 학생들은 사실 한 번 하는 것도 쉽지 않죠. 참여에 의의를 두고 기준점을 80점으로 낮추는 것도 방법입니다. 참여하는 학생에겐 늘 칭찬을 아끼지 마세요.

한글날 맞춤법 도전 인증서.

활동 25

무한도전

한글날 맞춤법 테스트처럼 단발적인 도전을 할 수도 있지만 아예 '무한도전'이라는 이름으로 매주 또는 매달 새로운 도전과 경험을 하게 할 수도 있습니다. 아이디어가 많으면 장기 프로젝트로도 가능합니다. 가급적 저항이 적은 도전 거리를 선택하세요. 포스터로 안내하고 해낸 학생에겐 인증서로 성취감을 주면 좀 더 그럴듯한 활동이 됩니다. 제가 해본 것들 중에 몇 가지만 소개합니다.

물병 세우기

물이 조금 담긴 생수병을 위로 던져서 다시 똑바로 세우는 놀이입니다. 연속으로 몇 번까지 세울 수 있는가로 도전해봅니다.

얼음물 족욕 챌린지

얼음물 족욕이 피로를 풀어준다고 하지요. 준비물은 얼음과 대야입니다. 먼저 '얼음물 족욕'을 검색해서 영상을 보여주세요. 도전 시간은 30초. 물이 생각보다 차갑습니다. 날이 더울 때 해보세요.

정신이 번쩍 드는 얼음물 족욕.

트럼프 카드 쌓기

학급비로 카드를 준비해 높이 쌓기 도전을 합니다. 카드가 잘 세워지지 않으면 테두리에 딱풀을 발라서 해볼 수도 있습니다. 한 학생은 시키지도 않았는데 주어진 카드로 몇 층까지 쌓을 수 있는지를 수학적으로 정리해 제게 보내주기도 했습니다.

트럼프 카드 쌓기(왼쪽), 이를 수학식으로 정리한 학생도 있었다(오른쪽).

 활동 26

체험학습 미션

10월에는 외부 체험학습을 하는 학교가 많습니다. 일일 체험학습일 때 학생들이 주도적으로 참여할 수 있도록 장소에 맞는 인증 미션지를 만들어보세요.

미션 내용은 임원들과 함께 기획하면 좋습니다. 조별로 체험학습 장소로 모이는 경우가 많으므로, 모여서 출발하는 인증 사진부터 미션을 시작합니다. 조별로 단체 채팅방을 만들어 관리하세요.

미션지는 소책자로 인쇄해서 조에 하나씩만 줍니다. 식사 사진, 외국인과 함께 찍는 사진, 독특한 풍경 사진, 간식거리 나눠 먹는 사진, 얼굴 몰아주기 사진, 착시 사진, 선생님과 함께 찍는 사진, 체험 후 집에 도착한 증거 사진 등 수시로 사진을 받기 때문에 자연스럽게 현장 관리가 되는 이점도 있습니다.

사진마다 점수를 부여해 순위를 정합니다. 상품을 준비하되 1등만 주기보다는 차등을 두어 전체에게 주는 것이 좋습니다. 미션을 다채롭게 만들면 이미 가봤던 체험 장소라도 다른 경험을 할 수 있습니다.

사진 미션 예시

① 다 모이면 출발 전에 사진 찍기

② 외국인과 사진 찍기 – 동양인과 함께, 서양인과 함께

 (상대방은 찍기 싫다는데 강제로 찍어 다툼이 나면 담임과 함께하는 잔소리 프로그램 2시간)

③ 얼굴 몰아주기 사진(찍는 사람 제외하고 모두 있어야 함)

④ 착시를 일으키는 사진 찍기

⑤ 개성 있는 건물, 물건 찍기

⑥ 즐거운 식사 사진 찍기

⑦ 선생님들과 함께 사진 찍기

⑧ 지정 장소를 찾아 사진 찍어 전송하기!(미리 웹에서 찾아보기)

⑨ 길거리 먹거리 체험 사진(하나씩 사서 조금씩 나눠 먹기)

⑩ 다른 모둠과 함께 사진 찍기

⑪ 약속된 종례 장소에 늦지 않게 모여 종례 받기(각 조와 선생님이 사진을 찍어보세요)

⑫ 자신의 무사 귀가를 축하하며 집에서 인증사진 보내기

돌발 퀴즈 미션

체험학습 점심시간에 선생님이 던지는 질문에 빠르게 답변하면 점수를 획득하는 돌발 미션을 진행합니다. 퀴즈는 5분마다 하나씩 내며, 가장 빨리 맞힌 1, 2등 조에 점수를 줍니다. 생각보다 치열했고, 잘 반응해줘서 고마웠습니다.

돌발 퀴즈 예시

- 우리반 전체 인원 수는?
- 체험학습 장소와 관련된 퀴즈(예: 홍익대학교는 몇 년도에 개교했을까?)
- 3월 2일 처음 만난 우리 반은 오늘이 며칠째일까?

- 조건에 맞는 사진 보내기(예: 모두의 손을 모아서 찍기)
- 우리반을 가르치는 국영수사과 선생님들의 성함을 순서대로 적으시오.
- 오늘 선생님의 점심 메뉴는 무엇일까?

이유 없이 사랑하는 것들의 목록

'건조기에서 갓 꺼낸 빨래, 비 온 뒤 풍겨오는 산뜻한 풀냄새, 후추가 많이 들어간 버섯 크림 수프, 손을 씻을 나는 뽀드득 소리, 프린터에서 갓 뽑은 종이의 따뜻함…' 어느 SNS에서 '내가 이유 없이 사랑하는 것들'을 보고 아이디어를 얻은 것인데, 분위기 전환으로 가볍게 해보기 좋은 활동입니다. 1~2주 정도 정해진 기간 동안 자신의 일상을 관찰하면서 이유 없이 나를 기분 좋게 만드는 것들의 목록을 적어보는 것이지요. 하루에 하나씩 적게 해도 좋습니다. 완성된 목록은 한데 모아 학급 게시판에 공유합니다. 서로의 목록을 보며 공감하거나 무심코 지나친 소소한 행복을 새로이 발견하게 됩니다. 학급 활동이라고 해서 꼭 이벤트 성격의 활동을 기획해야 한다는 부담을 내려놓으세요. 일상에 작은 파장을 일으키는 소소한 활동이 은은한 행복을 안겨줄 수 있답니다.

 11월

수행평가가 많은 때입니다. 10월에 이런저런 활동으로 정점을 찍었고, 12월 마무리를 위해 큰 활동 없이 지나가는 달이기도 합니다.

 활동 28

마지막 시험 응원

올해의 마지막 시험이니 응원에 좀 더 힘을 실어볼까요? 담임의 응원, 학부모의 응원 그리고 자신에게 하는 응원까지 세 가지를 함께 담는 것입니다.

먼저 부모의 응원입니다. 이번에는 편지 대신 자녀의 삶에 도움이 될 문장을 학부모에게 받습니다.

학부모에게 보낸 문자 예시

안녕하세요, 담임입니다. 벌써 올해의 마지막 시험을 앞두고 있습니다. 1학기에 해주셨던 응원이 의미 있었음을 기억하며, 한 번 더 부탁드리려 합니다. 이번에는 '내 아이의 삶에 방향이 되어줄 구절, 글귀, 명언'으로 정했습니다. 평소 좋아하시는 글귀를 보내주시면 됩니다. 만약 없으시다면 이참에 한 번 찾아보셔도 좋습니다. 이번에도 어머니, 아버지 각각 보내주세요. 당연히 자녀에겐 비밀로 해주셔야 합니다. 작업 시간이 필요하니 ○○일까지 꼭 부탁드립니다. 오늘 보내주시면 더 좋습니다.

두 번째는 학생 자신의 문장입니다. 자신에게 힘이 되었던 구절이나 시험을 보는 자신에게 해주고 싶은 말을 골라 단톡방에 올립니다. 매일 좋은 글 생각 적기를 꾸준히 해왔다면 그중에서 하나를 고르게 해도 됩니다.

세 번째는 담임의 문장입니다. 평소 좋아하는 말이나 좋아하는 책의 한 구절을 옮겨도 됩니다. 저는 앞으로의 삶을 채워나갈 아이들을 응원하는 마음을 담아 제가 좋아하는 책 『여덟 단어』의 한 구절을 골랐습니다. '인생은 책이 아니다. 내가 채워나갈 공책이다.'

문장 편집 예시.

부모의 문장, 자신의 문장, 담임의 문장을 엽서나 카드 크기로 보기 좋게 편집하여 인쇄하고 자른 뒤 코팅합니다. 이렇게 완성된 메시지를 그냥 나눠줘도 되지만 더 오래 간직할 수 있게 선물하는 방법도 있습니다. 날짜가 적히지 않은 탁상형 플래너를 학급 인원수대로 준비해서 플래너 앞과 뒤에 자신의 문장, 담임의 문장, 부모의 문장을 붙여주는 것입니다. 굳이 플래너를 쓰지 않는 학생들도 책상에 올려놓고 오래오래 볼 수 있으니까요.

시험 전날 응원 메시지를 나누어 줍니다. 시험 응원의 완결편으로서 준비 과정이 간단하지 않았던 만큼 이때는 담임의 수고에 대해 위트 있는 생색을 좀 내셔도 좋겠습니다.

응원 메시지를 보기 좋게 편집, 인쇄(위)하고 탁상형 플래너에 붙인다.

조금 특별한 칭찬

드라마 〈이상한 변호사 우영우〉를 보면 주인공이 친구에게 "너는 봄날의 햇살이야."라고 말하며 그 이유를 설명해줍니다. 많은 이들에게 감동을 준 장면입니다. 여기서 착안한 것이 '조금 특별한 칭찬' 활동입니다. 롤링 페이퍼처럼 학급 구성원 모두에게 칭찬의 말을 쓰는 것은 아무래도 학생 입장에서는 쉽지 않습니다. 그렇다고 원하는 친구를 골라 칭찬하게 되면 쏠림이나 소외되는 경우가 생길 수 있습니다. 그래서 생각한 방법이 추첨입니다.

먼저 활동에 앞서 말한 드라마의 클립 영상을 함께 봅니다. 활동의 취지를 이해하는 데는 교사의 설명보다 더 효과적입니다.

드라마 〈이상한 변호사 우영우〉 클립 영상

영상을 본 후 추첨을 통해 두 명을 뽑습니다. 이는 내가 필수로 칭찬해야 할 친구들입니다. 만약 그 외에 별도로 칭찬하고 싶은 친구가 있다면 추가로 해도 됩니다.

친구를 칭찬하는 표현을 생각해보는 시간을 가집니다. 완전히 새로운 것을 떠올리기는 쉽지 않으므로 여러 단어나 형용사를 예시로 알려줍니다. 원고지 형식의 종이에 적어보게 할 수도 있습니다. 칭찬하는 수식어를 정했다면 왜 그런지 이유도 덧붙이게 합니다. 익명으로 전달하는 칭찬이므로 받는 사람의 기분이 나빠지거나 문제가 될 표현들을 하지 않도록 주의를 줍니다. 선을 넘는 표현은 선생님이 보고 빼거나 다시 작성하게 합니다. 학생들이 작성을 마치면 모아서 편집 작업합니다. 명함 크기로 만들어 고리를 끼우거나 책상에 붙여주어도 좋습니다. 아래는 이 활동 아이디어를 듣고 실제로 해보신 선생님이 결과물을 찍어 보내주신 것입니다.

친구를 칭찬하는 표현을 명함 크기로 인쇄한다.

◯ → 활동 30

반 로고 만들기

우리 반을 상징하는 로고 디자인을 만들어보는 활동입니다. 학기 말 학급 시간에 하기 좋습니다. 꼭 디자인에 관심 있거나 미술에 소질 있는 학생이 아니어도 반의 특징을 절묘하게 표현해내는 경우를 볼 수 있습니다. 담임 캐리커처나 학년 반 숫자를 조합하는 등 다양한 아이디어가 나옵니다. 학생들이 만든 로고를 학급에 게시하고 투표를 통해 대표작을 뽑아 교실 앞문에 붙여 놓습니다.

반과 담임 캐리커처와 과목으로 만든 로고.

2학년 4반과 '장쌤'을 의미하는 2, 4, J로 만든 로고.

12월부터 마무리까지

한 해의 마지막 달, 12월이 되었습니다. 요즘은 12월 말이나 1월 초에 종업(졸업)하는 학교들이 많습니다. 12월에는 선생님들이 정말 정말 바쁩니다. 선생님이 없어도 여러 활동이 원활히 잘 진행되게끔 임원들을 적극적으로 활용하세요. 지금까지 잘 이끌어온 학급 공동체가 흔들리지 않도록 마지막까지 긴장의 끈을 놓지 않습니다.

3월의 우리, 12월의 우리

 함께 지낸 1년 가까운 시간 동안 우리는 얼마나 달라졌을까요? 3월에 찍었던 단체 사진과 비교해서 볼 수 있도록 12월에도 같은 배경과 구성으로 사진을 찍습니다. 미리 3월 사진을 학급에 게시해 그때와 같은 옷, 같은 포즈를 준비하게 합니다. 같은 복장이 없더라도 최대한 비슷하게 맞추는 것이 좋겠지요. 잊지 않도록 촬영 전날, 학급 단톡방에 한 번 더 공지합니다.

 준비한 대로 촬영을 마치면 포토스케이프 프로그램을 활용하여 3월과 12월 비교 사진을 만듭니다. 9개월 남짓한 시간이라 큰 변화가 보이진 않겠지만 우리의 시작과 끝이라는 것에 의미를 둡니다.

 만약 촬영 당일 결석생이 생기면 어떻게 해야 할까요? 모두 오는 날로 날짜를 바꾸어도 되지만 그날 누군가 결석하지 않을 거라는 보장도 없지요. 그래서 저는 결석생이 생기면 이번에 찍고 다음 주에 한 번 더 찍는 방법을 선택합니다. 그래도 결석생이 나온다면, 그건 어쩔 수 없는 일 같습니다.

같은 공간에서 같은 포즈로 찍은 3월의 우리, 12월의 우리.

활동 32

100문 100답

이미 서로 잘 알겠지만 더 세밀하게 알아볼 수 있는 기회를 주고자 기획한 것이 100문 100답입니다. 먼저 100가지 질문이 있어야 하는데, 학생들이 직접 만든 질문이 더 좋습니다. 예시로 질문을 주고 질문 작성 및 취합은 임원들에게 일임해도 됩니다.

질문은 한 장에 다 담을 수 있게 편집해 앞, 뒤 양면 인쇄합니다. 선생님이 먼저 100문 100답을 작성해보면서 수정, 보완할 부분을 사전에 체크합니다. 답변 작성은 맘먹고 집중하면 1시간 안에 다 쓸 수 있겠지만 촉박하게 받아내면 내용이 부실해질 수 있으니 하루 정도 기한을 주는 것이 좋습니다.

학생들이 작성한 100문 100답 원본을 앞, 뒤 한 장씩 단면으로 복사해 학급에 게시합니다. 아마도 칠판과 게시판을 거의 다 덮게 될 것입니다. 시험도 다 끝난 시기라 수업에 칠판을 거의 쓰지 않아서 이대로 사나흘 정도는 게시가 가능합니다.

학생들이 작성한 답변을 읽어보면 생각보다 재미있습니다. 서로 열심히 읽어보고 이야기 나누는 훈훈한 학년말 교실 풍경을 볼 수 있습니다. 자기소개 겸 학기 초에 해볼 수도 있지만, 좀 더 편하고 진솔하게 적기에는 학기 말이나 학년 말이 더 낫습니다.

100문 예시

1. 내 이름 2. 생일 3. 키 4. 내 발 사이즈 5. 시력 6. MBTI 7. 아침에 일어나서 제일 먼저 하는 일 8. 집에서 심심할 때 하는 일 9. 요즘 자주 듣는 노래 10. 노래방 가면 항상 부르는 노래 11. 좋아하는 가수 12. 좋아하는 배우 13. 좋아하는 동물 14. 좋아하는 음식 15. 싫어하는 음식 16. 좋아하는 색깔 17. 좋아하는 과일 18. 좋아하는 반찬 19. 좋아하는 라면 20. 자기 전에 마지막으로 하는 일 21. 최근 관심사 22. 습관, 버릇 23. 취미 24. 특기(잘하는 것) 25. 좋아하는 계절 26. 낮, 밤 중 내가 가장 활발한 시간 27. 즐겨보는 유튜버 28. 요즘 가장 하고 싶은 것 29. 내 성격을 한마디로 표현하면? 30. 내 목표(꿈, 장래 희망) 31. 세상에서 가장 무서운 것 32. 나랑 친해지는 법 33. 이상형 34. 나는 이런 사람으로 기억되고 싶다 35. 잠이 안 올 때 하는 것 36. 갖고 싶은 것 37. 고치고 싶은 버릇 38. 아침 식사 유무 39. 낯가림 유무 40. 단 음식 호불호 41. 매운 음식 호불호 42. 하와이안 피자 호불호 43. 민트초코 호불호 44. 가장 좋아하는 배라 맛 45. 스트레스

해소법 46. 인생 좌우명 47. 가장 많이 쓰는 카메라 어플 48. 돈 생기면 가장 많이 쓰는 곳 49. 나의 평균 수면 시간 50. 과거로 가기 vs. 미래로 가기 51. 내가 가진 것 중 가장 비싼 것 52. 내가 가진 것 중 가장 오래된 것 53. 내가 가진 것 중 가장 예쁜 것 54. 내가 가진 것 중 가장 쓸모없는 것 55. 가장 아끼는 물건 56. 내 추억이 담긴 물건 57. 전화 vs. 문 58. 물냉 vs. 비냉 59. 여름 vs. 겨울 60. 뜨거운 음료 vs. 차가운 음료 61. 짜장면 vs. 짬뽕 62. 죽을 때 유언으로 남기고 싶은 말 63. 내 묘비명 64. 내 친구가 죽으면 내가 가장 먼저 할 행동은? 65. 내가 잘하는 음식 66. 나의 별명 67. 가장 기억에 남는 꿈 68. 가장 무서웠던 꿈 69. 가장 최근에 꾼 꿈 70. 예지몽을 꾼 적이 있는가? 71. 가족에서 가장 의지하는 사람 72. 나의 혈액형 73. 가장 기억에 남는 여행 74. 요즘 가장 갖고 싶은 물건 75. 내가 결혼하고 싶은 나이 76. 내가 좋아하는 꽃 77. 요즘 가장 심각한 고민은? 78. 내가 가장 아팠을 때 79. 친구가 약속 시간에 1시간 늦었을 때 나는? 80. 1년 전의 나에게 해주고 싶은 말 81. 내가 가진 기억 중 가장 어릴 때의 기억 82. 내가 가진 기억 중 가장 무서웠던 기억 83. 100만 원이 생기면 하고 싶은 것 84. 하루 식사 횟수 85. 남들에 비해 잘하는 것은? 86. 남들에 비해 못하는 것은? 87. 내가 생각하는 우정이란? 88. 내가 생각하는 사랑이란? 89. 나의 TMI 90. 몇 살까지 살고 싶은지 91. 나의 종교 92. 좋아하는 단어 93. 내가 자주 쓰는 말 94. 내가 좋아하는 공간 95. 여행 가면 가고 싶은 지역, 나라 96.

무인도에 가져갈 세 가지 97. 내가 갖고 싶은 초능력 98. 죽어서 영혼이 되면 가장 먼저 하고 싶은 일 99. 지금 나에게 하고 싶은 말 100. 10년 후의 나에게 하고 싶은 말

아이들의 100문 100답지를 칠판에 전시하여 서로에 대해 더 자세히 알아갈 시간을 주었다.

 활동 33

모두에게 모범상을

학기 말에 하는 것 중 하나가 모범 표창일 것입니다. 담임 혼자 수상자를 정하기보다 학생들이 직접 과정에 참여하게 해주세요. 평소 생활이나 수업 태도 등 가까이 생활한 학생들의 눈이 때로는 더 정확할 수 있습니다.

먼저 온라인 설문으로 각자 추천하는 후보를 받습니다. 항목도 구체적으로 제시합니다.

친구 추천하기 설문

○ 학년 ○ 반 친구 추천하기

1. 우리 반에서 예의 있고 남을 배려하고 돕는 태도, 봉사 정신이

160

많은 친구는 누구인가요?

2. 우리 반에서 복장이 단정하고 규칙을 잘 지키며 근면성실한 친구는 누구인가요?

3. 우리 반에서 수업에 충실하고, 수업 태도가 좋으며, 모르는 것을 기꺼이 잘 알려주고 도와주는 친구는 누구인가요?

항목당 최대 2명씩 추천하면서 이유도 간단히 쓰게 합니다. 학생들 이름과 체크박스를 넣어 2명까지 선택하게 하면 추천할 학생을 놓치지 않을 수 있습니다. 2학기에는 1학기에 받은 학생들을 제외하고 후보 리스트를 만들면 됩니다. 최종 결정은 담임의 권한입니다. 설문 결과와 그동안 지켜본 담임의 판단을 종합하여 정해진 인원만큼 모범상 수상자를 선정합니다.

나아가 올해 학생들이 선생님을 존중하고 잘 따라와주었다면 담임이 별도로 비공식 표창을 할 수도 있습니다. 1, 2학기 학교가 주는 공식 표창 대상자를 제외한 모두에게 상장을 만들어 수여하는 것이지요. 상장 서식에 표창 문구를 넣고 부문은 '학급모범부문'으로 합니다. 비공식이므로 학교장 이름 대신 담임 이름과 도장을 넣은 후 학교 상장 용지에 인쇄합니다. 최대한 학교 상장과 같아 보이게 만드는 것이 좋습니다.

모두에게 수여하는 모범 표창장.

2학기 표창장을 수여하는 날, 1학기에 받은 학생들에게 전에 받은 상장을 가지고 오라고 안내합니다. 종례 때 하면 늦게 끝나게 되니 수업 자투리 시간이나 점심 후 다음 수업 시작 10분 전 등 적절한 시간을 잡아 모두 교실에 앉아 있도록 임원에게 요청합니다. 일 년 내내 학급 활동을 하다 보면 학생들도 어느 정도 익숙해져서 굳이 묻지 않고 잘 따라줍니다.

"너희 모두 모범상을 받기에 부족함 없이 잘해주어 모두를 위한 상장을 만들었다. 비록 비공식 상이지만 동일한 가치로 받아주면 좋겠다."라고 말하며 한 명씩 호명하여 나눠줍니다. 마지막엔 모두 표창장을 들고 단체 사진을 찍으며 마무리합니다.

반 전체가 모범상을 들고 찍은 단체 사진.

크리스마스 교실 꾸미기

교실에 크리스마스 분위기를 만들어보세요. 처음엔 학생들이 유치하다고 시큰둥해하면 어떡하나 걱정했는데 생각보다 좋아하고 잘 참여합니다. 시중에서 파는 크리스마스 장식을 활용할 수도 있겠지만 색종이로 만든 눈 결정체나 대형 트리 그림 등 함께 만들고 그리는 과정이 더 특별한 순간을 남깁니다.

눈 결정체

색종이를 접고 오려서 눈 결정체를 만듭니다. 색종이나 색지, 가위, 테이프 등을 넉넉히 준비하고, 인터넷 자료를 참고해 만드는 방법을 한 장으로 요약해 나눠줍니다. (저는 블로그 '블루리본의 다이어리' 게시물을 참고했습니다.) 학생들이 설명서를 보면서 눈 결정체를 완성하면 본인이 만든 것을 칠판과 교실 벽 등에 자유로이 붙이도록 합니다. 칠판의 빈 공간은 그림과 낙서로 채웁니다. 개성 넘치는 모양과 크기의 눈꽃이 교실 곳곳에 피어납니다.

학생들이 직접 오리고 붙여 꾸민 눈 결정 장식.

● 대형 트리 그림

부분 그림을 색칠한 뒤 이어 붙여서 대형 트리를 완성하는 협동화 활동입니다. 색연필을 넉넉히 준비합니다. 트리 도안을 인쇄해 나눠 주거나 학생들이 빈 종이에 밑그림을 직접 그리게 할 수도 있습니다. 저는 동료 선생님의 도움을 받아 A4 22장에 나뉘어 그려진 트리 도안을 사용했습니다. 밑그림을 학생들이 직접 그린다면 먼저 A4 사이즈 빈 종이 여러 장을 테이프로 살짝 이어 붙인 상태에서 전체 모양을 그리고 테이프를 뗀 뒤 각자 나누어 색칠하고 다시 조합합니다. 가장자리를 나무 모양으로 오려 완성한 대형 트리를 칠판이나 게시판 등에 붙입니다. 학생들은 어린 시절로 돌아간 듯 진지하게 트리 만들기에 집중하는 모습을 보여줍니다. 협동 작업의 묘미를 확인할 수 있는 시간입니다.

크리스마스 트리 칠하기.

크리스마스 카드

예전엔 크리스마스 하면 빠질 수 없는 것 중 하나가 바로 손글씨로 직접 써서 주고받던 카드였는데, 이제는 거의 볼 수 없게 되었습니다. 크리스마스의 아날로그 감성을 느끼게 해주고 싶다면 카드 쓰기를 추천합니다. 반 친구들을 생각하며 쓴 카드를 학급에 게시하면 그 자체로 크리스마스 장식이 됩니다.

카드는 엽서 형태로 모양을 통일해주는 것이 좋습니다. 도톰한 종이에 양말 모양 등 특정 형태를 인쇄해 오려서 만들어도 되고 시중에 나와 있는 카드 묶음을 활용할 수도 있습니다. 카드는 끈으로 이어 칠판에 매달아줍니다.

완성된 크리스마스 장식.

🛬 드레스코드

크리스마스 활동의 마지막은 드레스코드 맞추기입니다. 빨간색과 초록색으로 드레스코드를 맞추면 그 자체로 흥겨운 분위기를 더할 수 있습니다. 옷이나 소품에 빨간색과 초록색만 들어 있으면 됩니다. 하나하나 손으로 정성껏 꾸민 크리스마스 교실을 배경으로 단체 사진을 찍으며 활동을 마무리합니다.

빨강, 초록으로 드레스코드를 맞춘 단체 사진.

 활동 35

우리 반 연말 행사

12월 26일은 3월 2일부터 따졌을 때 만난 지 300일이 되는 날입니다. 한 해가 5일 남은 날이기도 하고요. 이때쯤 한 해를 결산하며 300일을 기념하는 학급 활동을 해보세요. 간단한 경품 추첨과 공연이 곁들여지면 행사가 더욱 풍성해질 것입니다.

간식 뽑기

과자나 사탕, 젤리 등 자잘한 간식들을 준비해 경품 추첨하듯 뽑기를 진행합니다. 다양한 과자를 골라 준비하려면 시간도 걸리고 번거로우므로 종합 선물 세트로 구입합니다. 사탕, 젤리 등 남아 있는 학급 간식이 있다면 그것을 한 통에 담아 스페셜 상품도 만듭니다. 과자에 일련번호를 붙이고, 스페셜 상품은 777(럭키 세븐) 등 일련번호와 구분되는 것으로 표시합니다. 이왕이면 한눈에 보기 편하고 시각적인 효과도 강조되도록 과자를 칠판에 다 붙여도 좋습니다. 번호가 적힌 아이스크림 막대를 추첨 통에 넣으면 준비가 끝납니다.

이제 한 명씩 나와 추첨해서 상품을 확인하고 받아갑니다. 상품을 들고 찍는 인증 촬영은 임원이 맡습니다. 스페셜 선물 당첨자는 학생들의 부러움을 한 몸에 받는 행운의 주인공이 됩니다.

간식 뽑기 후 기념 촬영.

연말 학급 공연

학생들의 끼가 발휘되는 공연도 연말 행사로 반응이 좋습니다. 악기 연주, 노래, 춤 등을 좋아하는 학생들을 모아 15분 정도 공연을 열어 보세요. 실력은 중요하지 않습니다. 참여하는 학생도 감상하는 학생도 모두 즐기는 시간이 될 것입니다. 만약 선생님도 특별 공연을 할 수 있다면 금상첨화이고요. 공연은 꼭 영상으로 남겨두세요.

각자의 실력을 뽐내는 연말 공연.

🌀 나에게 올해는? 나에게 내년은?

올 한 해 어땠는지, 내년은 어떠하기를 소망하는지 생각해보는 활동입니다. '나에게 올해는? 그리고 나에게 내년은?'이라는 질문에 간단히 한 줄로 적어보는 것입니다. 단톡방에 올리거나 패들렛을 활용해 적습니다. 각자에게 우리 반이 어떻게 기억될지 궁금하다면 '나에게 ○반은?'이라는 질문을 추가해도 됩니다. 예시가 될 수 있게 선생님이 먼저 솔직하게 답을 올려주세요.

> 선생님의 한 줄 평:
> 나에게 올해는, ○○중에서의 5년을 행복하게 마감하는 해.
> 나에게 내년은, 안전지대를 벗어나 새로운 도전을 시작하는 해.
> 아마 더 많이 변화하고 성장하는 해가 될 것 같다.

학생들의 한 줄 평:

나에게 올해는, 많은 것을 알게 된 해.

나에게 내년은, 배우는 것의 깊이가 달라지는 해.

나에게 올해는, 한 거 없이 지나간 해.

나에게 내년은, 한 거 없이 지나갈 것 같은 해.

나에게 올해는, 중학 생활의 피날레를 장식하는 해.

나에게 내년은, 피곤해지는 해.

나에게 올해는, 경험의 연속.

나에게 내년은, 새로움 속에서 여유로운 해.

나에게 올해는, 온전히 나를 위한 준비의 시간.

나에게 내년은, 새로운 시작의 첫 페이지.

나에게 올해는, 지치고 피곤한 날들도 있었지만 친구들이랑 가족들이랑 나름 알차고 재밌게 보낸 시간.

나에게 내년은, 고등학생이 된다는 긴장감과 두려움을 갖게 될 시간.

🌟 우리 담임 선생님을 더 알고 싶어요!

담임도 평소 학생들과 개인적인 이야기를 나눌 기회는 많지 않습니다. 그게 좀 아쉽다면 담임 Q&A 시간을 연말에 짧게 갖는 것을 추천합니다. 혹시 상처받을 질문이 나오거나 질문 없는 썰렁한 분위기가 되지 않도록 임원이 미리 학생들의 질문을 취합 정리해 대표로 질문하는 방식이 좋습니다. 자칫 인사청문회처럼 보이지 않도록 간단한 다과와 함께 부드러운 분위기로 진행해보세요. 저는 주로 이런 질문들을 받았습니다.

학생들의 질문:
우리 학교에서 가장 친하신 분은 누구신가요?
우리 반의 첫인상과 현재 인상이 궁금해요.
우리 반에서 제일 멋진 학생은?
수학교사가 아니라면 어떤 직업을 가지셨을 것 같나요?
선생님을 하면서 가장 기억에 남았던 경험은 무엇인가요?

예정된 이별, 마지막을 위한 준비

드디어 마침표를 찍는 때가 왔습니다. 종업과 졸업은 중요한 순간입니다. 1년 동안 차곡차곡 다져온 관계이니 더 오래 기억될 수 있도록 기념해야죠. 학년을 마무리하며 해볼 만한 활동들을 모아 소개합니다. 일단 괜찮다, 할 수 있겠다 싶은 것부터 골라 해보시길 권합니다. 당연한 말이지만 시도해보지 않으면 과정과 결과도 없습니다.

나의 화양연화

학생들에게 지난 1년의 시간을 담아 선물합니다. 그래서 1년의 준비가 필요해요. 3월부터 지금까지 학생이 만든 것, 함께한 순간을 차곡차곡 모아둡니다. 활동 결과물이나 사진 등 파일에 넣어줄 수 있는 것은 다 받아두고 복사합니다. 활동이 마무리될 때마다 모아서 날짜를 적어두면 시간순으로 정리하기 편리합니다. 파일 앞에 붙일 이름을 정해보세요. 저는 인생에서 가장 아름답고 행복한 시간으로 기억되길 바라는 마음에 '화양연화花樣年華'로 지었습니다.

선생님이 파일 정리를 다 해서 깜짝 선물로 주는 것도 좋지만 가뜩이나 바쁜 학년 말에 작업 시간을 내기는 거의 불가능합니다. 학생들에게 자료를 주고 스스로 정리하게 합니다.

파일은 20쪽 정도 사이즈면 충분합니다. 인원수대로 준비해주세요. 파일 정리는 수업 1시간이면 충분합니다. 활동의 의미를 설명하고 파일과 자료를 나눠줍니다. 처음 세 장은 비워놓고 다음 장부터 채워나가도록 안내합니다. 친구가 그려준 얼굴, 100일과 200일 기념 사진, 버킷리스트, 습관 만들기 인증서, 100문 100답 등 지난 1년의 시간이 차곡차곡 모입니다. 하나씩 파일에 끼워 넣다 보면 '아, 이게 있었네.' '맞아, 이런 거 했었지.' 감탄과 웃음소리가 여기저기서 들려옵니다.

1년의 시간을 파일 하나에 정리하기.

정리가 끝나면 파일을 모두 회수합니다. 앞부분 비워둔 세 장을 채우기 위해서인데 이 작업엔 1, 2학기 임원과 지원자 한두 명 정도의 도움을 받으면 좋습니다. 첫 장은 졸업장 또는 종업장(졸업하는 학년이 아닌 경우)과 롤링페이퍼를 넣을 자리입니다. 둘째 장은 3월과 12월에 찍은 단체 사진 등 기념할 사진을 넣습니다. 단체 사진 여러 컷을 한 장에 편집해서 넣거나, 어린 시절 사진에 메시지를 넣을 수도 있습니다. 셋째 장은 학년 초에 맨 처음 적어준 기초조사서, '담임 선생님께 드리는 나의 이야기'를 넣습니다.

종업이라면 종업하는 날에 나눠주고, 졸업이라면 졸업 앨범 주는 날과 겹치지 않게 나눠주세요. 1년간 모은 진짜 자신의 이야기를 눈으로 확인하고 친구들의 이야기도 함께 보며 즐겁게 대화를 나누는 학생들의 모습을 보면 담임이 주는 가장 큰 마지막 선물이 될 수 있겠다 생각합니다.

상장 만들기

모두에게 센스 있는 상장을 만들 수 있습니다. 어떤 상을 줄 것인지는 임원에게 맡기세요. 눈썰미 있고 어휘력이 좋은 학생과 함께 하게 합니다. 상장에 적을 문구가 부담된다면 상장명만 만들어도 충분히 괜찮은 결과물을 만들 수 있습니다. 저는 학급회장에겐 '담임보좌상'을 수여했습니다. 상장명만 넣을 경우 상장에 들어갈 이미지를 큰 것으로 고르세요. 첫 장만 잘 만들어두면 페이지 복사로 작업은 금방 끝납니다. 선생님만의 도장을 찍는 것도 잊지 마시고, 함께하는 마지막 날에 줍니다. 졸업이면 졸업장 옆에 끼워주세요.

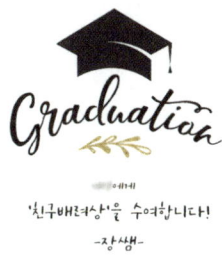

미리캔버스를 활용해 만든 상장. 여기에 선생님만의 도장을 찍으면 더 좋습니다.

▶ 1년의 사진을 한 장에 담기

앞에서 1년의 흔적을 모아 선물한 '화양연화'처럼 학생 자신이 포함된 1년의 사진을 한 장에 담을 수도 있습니다. 한 명 정도를 예시로 작업해보시고 결과물을 보신 다음 결정하세요. 종업식이나 졸업식은 물론, 학기 중에 전학 가는 학생에게 선물하기에도 좋습니다.

먼저 3월부터 지금까지 찍어둔 사진들이 날짜별 폴더에 정리가 되어 있어야 합니다. 이제 학생 이름별로 폴더를 하나씩 만들고 단체사진 폴더도 하나 만듭니다.

사진 분류 작업은 손이 많이 가므로 도와줄 학생들을 정합니다. 사진도 엄연히 개인정보이므로 반드시 믿을 수 있는 학생에게 맡겨야 합니다. 이 작업 외에는 다른 용도로 절대 사용하지 않도록 확실히 교육한 다음, 각자 담당을 나누어 남학생 사진은 남학생이, 여학생 사진은 여학생이 정리하도록 하며, 단체 사진을 따로 정리할 사람도 한 명 정해주세요. 정리된 사진 폴더를 하나씩 열어보면서 해당 학생이 나온 사진을 학생 이름의 폴더에 복사해 넣습니다. 개인 사진 외에 친구들과 함께 찍은 사진도 복사합니다. 개인별 폴더 분류가 끝나면 받은 모든 자료를 삭제했는지 확인해 주세요.

다음은 선생님의 작업이 시작됩니다. 포토스케이프를 열고 메뉴 중 '페이지'를 클릭합니다. 사이즈는 1600×1024 정도로 하고, 오른쪽 아래의 틀 중 적당한 것을 고릅니다. 메뉴 왼쪽에서 학생 사진이 저장된 폴더를 선택하면 폴더 안의 사진 파일이 아래에 나옵니다. 사진을 선택하여 넣고 싶은 위치에 마우스를 드래그해 넣습니다. 얼굴이 잘리지 않도록 틀 안에서 좌우, 위아래로 조절해주세요. 틀에서 큰 공간은 단체 사진 폴더에서 골라서 넣어주세요. 이런 식으로 한 명씩 사진을 만들어주시면 됩니다. 좀 더 꾸미고 싶다면 사진 편집 메뉴로 들어가서 테두리나 글씨 등을 작업해보세요. 테두리를 만들면 글씨를 넣기 좋습니다. 완성된 사진은 잊지 말고 저장해서 한 폴더에 모두 넣어둡니다.

작업이 끝나면 학교 프린터나 사진관에서 사진 용지에 인쇄하세요. 사진관에서 현상하면 좀 더 나은 결과물을 얻을 수 있습니다. 자신의 1년이 담긴 사진, 어디서도 구할 수 없는 나만의 학창시절 사진입니다.

포토스케이프로 만든 1년의 사진.

🔹 영상 만들기

마지막 날 분위기를 내는 데는 아무래도 영상이 필요합니다. 영상이 없으면 왠지 허전하죠. 저는 영상을 만들기 위해 학기 초에 영상 편집, PD, 기획에 관심 있는 학생을 미리 섭외해둡니다. 마땅한 학생이 없다면 선생님이 만들어야 하는데, 적절한 배경음악과 함께 그동안 찍은 사진을 슬라이드로만 구성해도 어렵지 않게 만들 수 있습니다. 맡긴 일이 잘 진행되고 있는지 중간중간 진행 상황을 확인하는 것이 좋습니다. 안 그러면 믿고 맡겼는데 졸업식 전날 못 하겠다고 나올 수도 있습니다. 졸업 전날 늦은 밤까지 영상을 만들어야 했던 제 경험담입니다.

롤링페이퍼

롤링페이퍼는 늘 하게 되는 활동입니다. 각자의 이름이 적힌 종이를 서로 돌려서 쓰는 방식은 많은 단점이 있습니다. 몇 개 적어보자면, 자신이 쓴 내용을 모든 학생이 보게 됩니다. 받을 사람만 보게 되어야 좀 더 편하고 솔직하게 잘 써주기 마련입니다. 그리고 친하지 않은 학생에겐 할 말이 별로 없다 보니 대충 똑같은 문구를 반복하는데 그것마저 귀찮아합니다. 어떤 글씨는 알아볼 수가 없고 쓰는 속도가 다르다 보니 중간중간 정체되면서 분위기가 산만해지기 쉽습니다.

　온라인 롤링페이퍼는 이러한 단점의 상당 부분을 해결해줍니다. 롤링페이퍼 결과물은 담임만 보게 되며, 만에 하나 문제가 되는 메시지가 있다면 선생님이 수정할 수 있습니다. 아이들은 펜으로 쓰는 것보다 스마트폰 자판 입력이 더 익숙하다 보니 내용이 더 길고 풍성해집니다. 같은 내용을 반복하는 경우에도 복사, 붙여넣기가 쉽습니다. 각자 입력하기 때문에 쓰는 속도가 달라도 상관없으며, 깔끔한 글씨체로 더 보기 좋은 결과물을 만들 수 있습니다.

물론 여기에도 한 가지 단점이 있습니다. 바로 선생님의 작업이 요구된다는 점입니다. 최종 결과물을 학생들에게 나눠줄 때 의미가 더 있다 보니 중간 과정에서 학생들의 도움을 받기도 애매합니다.

먼저 온라인 설문을 만듭니다. 반 인원이 20명이 넘는 경우는 남학생, 여학생 또는 번호대로 반씩 나눠서 만듭니다. 첫 질문은 자신의 이름을 적게 하고, '1번 000에게', '2번 000에게' 식으로 한 사람마다 문항을 만드세요. 저는 마지막에 선생님의 이름도 슬쩍 끼워 넣습니다.

이 기획을 확장해 설문지 하나를 더 만듭니다. 이전 담임 선생님, 교과 선생님 등 학교에 계신 선생님 중 메시지를 드리고 싶은 분에게 쓰는 것인데, 원하는 학생들만 참여하도록 선택사항으로 둡니다.

 롤링페이퍼 – 서로에게 해주고 싶은 이야기

학급 롤링페이퍼 안내

벌써 끝나는 1년, 친구들에게 마지막 메시지를 써주자. 좋은 말, 칭찬, 하고 싶었던 말, 좋은 조언을 정성껏 해주길. 끝에 이름을 따로 적어주기. 비방하는 말, 비꼬는 말, 욕설, 공격적인 말은 쓰지 말 것. 함께한 시간을 기억해보고 진심을 담아서 존중하는 마음으로 써주자.

선택 사항: 선생님들께 드리는 롤링페이퍼 안내
1,2학년 때 담임 선생님도 좋고, 나를 가르쳐주셨던 교과 선생님들도 좋고, 3년을 보내며 기억나는 선생님들께 하고 싶은 말을 적어주면 쌤이 잘 편집해서 전달하겠음. 글의 첫 부분에는 받으실 선생님의 성함을, 마지막에는 자기 이름을 꼭 적어주길. 원하는 만큼 쓰고 제출하면 끝!

충분히 쓸 기간을 주고 안 한 학생은 재촉해서 받아냅니다. 메시지의 끝에 자신의 이름을 안 적는 학생은 선생님이 넣어주세요. 엑셀로 저장해서 보면 어떻게 썼는지 한눈에 보입니다.

선생님들에게는 졸업식 전에 미리 드려야 하므로 그 작업을 먼저 합니다. 적절한 틀에 넣어서 편집하고 두꺼운 종이로 인쇄하고 잘라서 선생님별로 모아 직접 전달합니다.

서로에게 적은 롤링 페이퍼는 제출한 순서로 저장되기 때문에 번호가 적절히 섞여 있으니 그대로 넣어주시면 됩니다. 롤링 페이퍼의 마지막에는 담임 선생님의 메시지를 넣어주세요. 이때를 위해 좋은 글을 틈틈이 미리 찾아두면 좋습니다. 저는 학생마다 다르게 써주지 않고 동일한 글을 적어주는데, 최근에 적어준 글은 아일랜드

켈트족의 기도문입니다.

바람은 언제나 당신의 등 뒤에서 불고,
당신의 얼굴에는 항상 따사로운 햇살이 비추길.

이제 내용을 출력해 결과물을 만듭니다. A4 또는 A5 사이즈로 전체 틀을 정하고 글자체와 크기도 미리 정해둔 뒤, 학생들이 쓴 글을 복사, 붙여넣기 합니다. A5는 가로 방향의 A4를 반으로 나눈 크기입니다. 붙여넣기가 끝나면 틀에 맞게 편집하면서 문제가 될 내용은 알아서 수정합니다. (저는 친한 사이에 허용될 만한 가벼운 욕, 비속어 정도는 그냥 두었습니다.)

파일 하나에 반 전체를 모두 작업한 다음, 단면으로 인쇄해 자르고 코팅합니다. 테두리 커팅기를 사용하면 디테일한 정성을 담을 수 있습니다. 한 사람당 여러 장이 나오게 되므로 펀치로 구멍을 뚫고 링으로 묶어줍니다.

온라인 설문으로 작성한 내용을 편집하고 출력해 코팅한 롤링페이퍼(왼쪽)와
단어장 사이즈에 문구 하나씩 따로 넣어 코팅한 롤링페이퍼(오른쪽).

➡ 친구를 다섯 글자로 표현하기

말 그대로 한 명 한 명을 다섯 글자로 표현해보는 활동입니다. 간단하지만 모아 놓으면 그 학생만의 특징, 모습이 드러납니다. 물론 설명을 제대로 안 듣고 네 글자로 적는 경우도 있는데, 굳이 바로잡을 필요는 없습니다. 학생마다 가진 독특함을 센스 있게 표현한 것이 꽤 재미있습니다.

○○○는
올바른친구	날개없천사	○○는천사
짱착한아이	키위바양석	표현쩌는애
가위빌려줌	뭘잘빌려줌	물건잘빌림
연속같은반	친구가많음	평범한인간
착함성실함	성실한아이	도둑잡기짱
키위방석걸	라임형베개	즐거운친구
착한아이야	모든게완벽	소중한친구
○○아안녕	긍정4차원	

 활동 37

졸업식과 종업식

졸업식을 며칠 앞두고 '만날 사람은 다시 만나게 되어 있다.'를 오늘의 글로 올렸더니 한 학생이 이렇게 자신의 생각을 적었습니다.

> '우리 반은 다시 만나게 되는 사람이면 좋겠다. 잠깐만 함께 보낸 사람으로 남는 것이 아니라 가끔씩 오래 봤으면 좋겠다'.

'가끔씩' '오래', 이 두 단어가 주는 울림이 있었습니다. 종업과 졸업은 그 자체로 특별한 순간입니다. 코로나19가 한창일 때는 졸업장과 졸업 앨범을 학생들의 집 앞에 두고 오는 일도 있었지요. 얼굴도 못 보고 장장 6시간 동안 배달을 하다 보니, 한 학생이 문에 미리 붙여 놓은 '감사합니다' 쪽지 한 장이 참 반갑더군요.

제가 2021년 담임한 반은 졸업식 전날 확진자가 나오면서 많은 학생이 즉시 귀가해야 했습니다. 이대로는 너무 아쉬워 자가격리가 끝나는 3주 후에 저희 학급만의 졸업식을 따로 가졌습니다. 졸업식에 쓰였던 학교 현수막을 챙겨두었다가 칠판에 붙이고 그동안 찍은 학급 사진들을 인쇄해 교실을 꾸몄습니다. 특별한 졸업식이니 특별한 선물을 주고 싶어 '자신의 정답을 만들어갈 ○○○'라고 각자의 이름을 각인한 볼펜을 준비했습니다.

고맙게도 한 명도 빠짐없이 모두 모여 우리만의 졸업식을 부족함 없이 할 수 있었습니다. 학생들이 교실에 들어오는 대로 '축 졸업' 도장을 손등에 찍어주었습니다. 준비한 졸업 영상을 보고 졸업장을 한 명씩 수여했습니다. 우리뿐이라 졸업 앨범에 친구들이 사인도 주고받고 사진도 여유 있게 찍을 수 있었습니다. 학교의 졸업식은 제대로 누리지 못했지만, 우리만의 졸업식으로 저나 학생들 모두에게 오히려 더 완벽했던 경험이었습니다.

마지막 날이 좀 더 특별해지는 작은 아이디어

① 그동안 찍은 사진을 인쇄해 교실에 붙입니다. 1년간 함께했던 순간들을 떠올리게 해줍니다.

② 졸업 앨범에 친구들과 사인 주고받기를 해보세요. 종업식이라면 단체 사진을 두꺼운 종이로 인쇄하여 나눠주고 뒷면에 적게 할 수도 있습니다.

③ '축 졸업'이나 '참 잘했어요' 도장을 준비해 손등이나 졸업 앨범에 찍어주세요.

④ 마지막으로 전하는 말은 충분히 고민하시고 힘 있게 전달해주세요. 부모님이 계셨기에, 너희를 위해 애쓰신 분들이 있기에, 너희가 무사히 졸업할 수 있었음을 알게 해주세요.

> **담임 선생님을 위한 팁**
>
> ## 제자, 잘 부탁드립니다
>
> 중학교에서 같은 관할 도 소재 고등학교로 진학하는 제자에게 해줄 수 있는 이벤트입니다. 양서중학교 손지선 선생님이 알려준 방법인데요, 교육청 메신저로 졸업생의 새 담임 선생님을 찾아 학생의 장점이나 특징과 함께 잘 부탁한다는 메시지를 보내는 것입니다. 교육청 메신저는 조직도에서 학교, 이름을 검색하면 메시지를 보낼 수 있습니다. 담임 선생님이 누구인지는 그때까지 없애지 않고 있던 학급 단톡방에 물어보아 확인했습니다. 잘 부탁드린다는 메시지를 드리니 잘 알겠다고 답변을 보내오는 선생님도 있었고, 선생님에게 얘기 들었다며 고맙다고 연락해 오는 제자도 있었습니다. 이것까지 하면 정말 마침표를 찍은 느낌입니다.
>
> **제자의 새 담임 선생님에게 보낸 글**
>
> 안녕하세요?
> 저는 작년에 ○○○○에서 근무했던 장○○ 이라 합니다.
> 작년에 담임했던 ○○○ 학생이 선생님 반이라 들어서 잘 부탁드린

다는 의미로 메시지를 보냅니다.

○○이는 수학 과학을 좋아하고 학생들과 아주 화목하게 잘 지내요. 밝고 명랑해서 긍정적인 학급 분위기 형성에 도움이 될 거라고 생각해요. 잠이 많아서 아슬아슬하게 학교를 오긴 합니다. 과제 제출 등은 조금 챙겨주시면 좋아요. 은근히 잘 까먹습니다.

○○이와 즐거운 한 해를 보내시길 기대합니다.

감사합니다.

담임의 1년 포트폴리오 만들기

졸업과 종업까지 하고 나면 1년 동안 했던 기획과 시도의 흔적들을 파일에 정리합니다. 담임 임명장부터 아이디어를 메모해둔 것, 계획표, 단체사진, 활동 결과물, 피드백 정리한 것 등을 넣고 뒤에는 학생들이 주었던 쪽지나 편지들을 모아둡니다. 활동할 때마다 끼워두었다가 나중에 정리해도 좋습니다. 학급을 운영하다 가끔씩 이전 파일을 꺼내 보면서 예전에 했던 활동을 다시 기억해보고 아이디어를 얻기도 합니다. 담임을 하신 선생님만이 가질 수 있는, 담임의 1년이 고스란히 담긴 소중한 보물창고이자 포트폴리오입니다.

3 학급 활동 프로젝트

월별로 하는 활동을 소개한 2부에 이어서 3부에서는 특별한 순간을 선사하기 위해 좀 더 진심과 정성을 담아 준비하는, 일종의 심화편 활동을 소개합니다. 시간과 노력이 들어간 만큼 실제로 학생들의 호응도 매우 좋습니다.

매일 특별한 프로젝트나 흥미진진한 미션이 기다린다면 등교하는 발걸음도 좀 더 활기차지지 않을까요. 선생님들 모두 수업과 업무로 바쁘지만 한 학기에 한 번이라도 시도해 본다면 큰 보람을 느끼실 것입니다. 제가 이렇게 학급 활동에 진심이 된 계기를 생각해보면, 그 시작은 '학급 단합'이었습니다. 그때 왜 그랬는지 모르겠지만 뻔하지 않은 것을 해보고 싶었고, 제대로 해보자는 마음으로 준비했던 그 과정이 지금의 저를 만들었습니다. 선생님들도 저와 같은 변화를 얻게 되시길 기대합니다.

신新 마니또: 들키지 않는 재미

추천 시기: 4월, 5월, 10월, 11월
추천 기간: 1~2주, 학기별
활동 유형: 온라인+오프라인
참여 범위: 학급 전체

    학생들에게 해보고 싶은 활동을 물어보면 늘 나오는 것 중 하나가 마니또입니다. 그러나 실제 시도해보면 생각만큼 만족스럽게 운영되지는 않습니다. 아마도 들키지 않고 미션 하기가 거의 불가능하기 때문일 것입니다. 나의 마니또가 누구인지 아는 순간, 긴장감과 재미가 떨어집니다. 그래서 방식을 바꾸었습니다. 지금부터 소개할 업그레이드된 마니또 활동은 제 블로그 게시글 중에서 가장 큰 관심을 받은 활동이기도 합니다.

    성공 확률을 높이기 위해 제가 생각해낸 방법은 담임이 다리 역할을 해주는 것입니다. 온라인에서 미션을 하니 누군지 알 수 없고, 전달도 담임이 해주면 상대가 눈치채기 어렵습니다. 매일 해야 할 작업이 있다 보니 교사가 수고해야 하는 부분이 늘어나지만 그만큼 재미와 만족도가 높아지게 됩니다. 업그레이드된 마니또 게임의 특징을 간단히 요약하면 다음과 같습니다.

- 오픈채팅방을 활용해 미션 참여, 결과는 오프라인에서 구현.
- 매일 부담 없이 할 만한 미션 제시.
- 누가 마니또가 될지 모르는 상황에서 오는 기대감과 끝까지 자신의 정체를 숨겨야 하는 긴장감 조성.
- 발표 순간의 흥분과 선물이 함께하는 훈훈한 마무리.

신 마니또 게임 방법

① 먼저 학생들에게 미션 의견을 받습니다. 포스트잇에 쪽지 형식으로 받아도 충분합니다.
② '마니또 안내서'를 학급에 게시하고 단톡방에도 올립니다. 목표는 '친해지길 바라며'입니다.

마니또 안내서

미니또, 무슨 뜻인가요?
'비밀친구'라는 뜻의 이탈리아어 manito. 제비뽑기 등을 하여 지정된 친구의 수호천사가 되는 것.

마니또, 왜 하나요?

공동체가 된 우리 반, 학급 친구들과의 우애를 도모하고, 서로 아끼고 배려하는 마음을 기르기 위하여 합니다.

마니또는 어떻게 진행되나요?
공정하게(?) 나의 마니또 뽑기.
오픈채팅방 참여: 링크를 타고 프로필을 '○○○ 마니또'로 바꾸고 들어옵니다. (예: 장○○ 마니또)
미션이 있어야 즐겁지! 미션을 통해 더욱 친해지길 바랍니다.
선물 교환: 나를 위해 수고한 마니또에게 2,000원 정도의 선물 준비
마니또는 비밀친구이니 절대로 들키면 안됨!
서약서에 이름을 쓰고 서명하고 제출, 정해진 약속을 꼭 지킨다.

언제까지 하나요?
마니또 게임 기간은 ○○일부터 ○○일까지, 발표는 ○○일에 합니다.

만약 서약을 어길 경우 어떻게 되나요?
교실 청소 혼자 다 하기, 담임 쌤 일일 비서 등 하루가 귀찮아지는 벌칙이 주어질 예정이니 절대 어기지 않기!

③ 마니또를 추첨합니다. '당신은 ○○○의 마니또'라고 쪽지를 만들어 추첨통에 넣어두세요. 성별 구분 없이 무작위로 뽑습니다. (이것은 먼저 학생들의 의견을 물어보고 정하세요.)
사전에 충분히 주의를 줬는데도 뽑고 나서 '넌 누구 뽑았냐?' 물어보며 서로 알려주고 키득키득대는 학생들이 있다면 바로

 단호한 반응을 보이세요. 그리고 처음부터 다시 뽑으세요. 의무가 아닌 선의에서 준비한 활동이 출발부터 삐끗할 필요는 없습니다. 충분히 명분 있는 지적이고 그 학생을 위해서도 해야 합니다. 친절하면서도 단호한 교사를 학생들은 더 신뢰합니다.

④ 추첨이 끝나면 모두에게 서약서를 받습니다. 자신이 담당할 학생 이름을 쓰게 하고 걷습니다. 명렬표를 준비해 이름 옆에 이 학생의 마니또가 누구인지, 그 옆 칸에는 이 학생이 뽑은 마니또는 누구인지 적어두면 미션 확인이 수월합니다.

마니또 서약서

다른 친구에게 절대로 내 마니또가 누구인지 알려주지 않겠습니다.
나의 마니또에게 내 정체를 들키지 않겠습니다.
마니또 활동을 성실히 하여 내가 맡은 학생을 실망시키지 않겠습니다.
다른 친구의 마니또를 우연히 알게 되더라도 비밀을 지키겠습니다.
제가 뽑은 마니또는 _____ 입니다.
기꺼이, 즐겁게 참여하겠습니다!

이름: (서명   )

⑤ 마니또 게임을 위한 오픈채팅방을 열고 학생들을 가입시킵니다. 주의할 점은 들어올 때 프로필을 자신이 뽑은 사람 이름으로 들어와야 한다는 것입니다. 예를 들어 '장쌤 마니또'로 프로필을 만들어 들어오게 하세요. (잘못 들어온 학생들이 있다면 나가게 하고 비밀을 위해 조금 시간 여유를 가지고 들어오게 합니다.) 만약 스마트폰을 안 쓰는 학생이 있다면 PC 버전으로도 이용할 수 있습니다.

⑥ 학생들이 다 들어오면 규칙을 공지합니다. 형식적으로 보여도 꼭 필요합니다. 저는 이렇게 규칙을 안내했습니다.

마니또 규칙 안내

0. 미션은 모두가 참여해줘야 합니다.
1. 발표날까지 절.대.비.밀.
   ('너만 알고 있어'를 한 순간부터 비밀은 사라짐. 영화 범인 미리 알고 볼 거냐. 몰라야 재밌다.)
2. 오픈채팅방에서 말은 편하게 반말로 하되, 욕, 비방, 인신공격, 비꼬는 말 등을 절대 하지 말 것. 들킬 수 있으니 평소에 쓰는 어투는 자제하기. 기분 상할 어투 쓰지 않기. 서로 배려하며 조심하기.
3. 마니또의 목적은 그 사람을 지켜보며 이해하고 긍정적인 부분을 발견해주는 것. 좀 더 친해지기 원함.
4. 건의사항, 아이디어는 얼마든지 쌤에게 말하기.
5. 애매한 것이 있다면 쌤이 대신 전해줄 수도 있다.

> 6. 내 마니또에게 최선을! 그래도 큰 기대는 하지 말 것. 작은 것에도 감사하기.
>
> 이것이 시작이 되어 선생님은 학급 프로젝트를 많이 해보고 싶다. 기분 좋게 기꺼이 참여해주길.

⑦ 시작 미션을 제안합니다. 마니또에게 첫인사를 하고, '너는 ~한 사람 같아' 형식으로 메시지를 올립니다. 가장 중요한 것은 미션을 모두 해주는 것입니다. 참여를 많이 독려해야 합니다.

미션 예시: 선생님이 각 마니또에게 보낸 결과를 읽어보고 [너는 매사에 긍정적이고 낙관적인 사람 같아] 형식으로 오픈 채팅방에 올려주세요.

⑧ 학생들이 완료한 시작 미션을 인쇄물로 만들고 다음 날 아침 결과를 책상에 붙여줍니다. 이 과정은 앞으로도 반복됩니다. 미션 제시하고, 미션 독려하고, 작업하고, 전해주기.

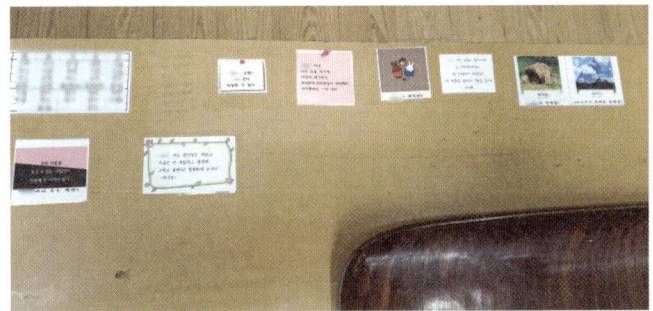

마니또를 진행하면 이렇게 책상에 이야기가 하나씩 쌓여간다.

⑨ 마지막 날 마니또가 발표되면 각자 준비한 선물을 줍니다. 선물 준비에 관해서는 마니또 게임을 시작하는 초반에 미리 설명해주어야 합니다. 선물 줄 때 유의할 점은 내가 뽑은 사람이 아니라 나를 뽑은 마니또에게 선물을 주어야 한다는 것입니다. 선물 주제로 '유용하지만 내 돈 주고 사기 아까운 것'을 제시했는데, 대부분 간식을 사오더군요.

마니또 게임을 하는 동안 각자의 책상에는 매일 자신의 이야기가 쌓여갈 것입니다. 온라인으로 전날 미션 내용을 봤더라도 실제로 책상에 붙은 결과물을 확인하는 건 또 다른 느낌을 줍니다. 친구의 책상에 붙은 것들도 보며 함께 이야기를 나누니 학급에 활기가 돕니다. 다만 미션 결과를 다음 날 아침에 미리 붙여두어야 하니 선생님이 바쁘죠. 그래서 미션을 늦지 않게 완료하도록 열심히 재촉해야 합니다. 결과를 붙였을 때의 효과가 눈에 보이니 작업을 미룰 수가 없습니다. 매일 작업하는 선생님의 수고를 지켜보는 학생들은 참여 태도가 점점 좋아질 수밖에 없죠. 아침에 책상에 붙이는 일은 선생님 혼자 하기보다 일찍 등교하는 학생들과 함께 하세요. 앞서도 말씀드렸듯이 선생님이 작업하는 모습을 학생들에게 보여주는 것도 좋은 교육입니다.

다음은 마니또 게임에서 날짜별로 해봤던 미션의 예시입니다. 모든 미션은 당일에 공개하고 절대 미리 알려주지 않습니다.

🕐 첫째 날 미션: 친구 특징 관찰하기와 마니또 힌트 공개

오늘 하루 동안 관찰한 마니또의 특징과 장점을 적어주는 미션입니다. 여기에 궁금증을 더하도록 자신의 힌트를 살짝 알려줍니다. 자기 이름에 있는 자음 중 하나를 공개합니다. '내 이름에는 (지읒[ㅈ]) 이 있어.'라고 알려주는 것이죠. 친구를 관찰하면서 들키지 말 것과 자음 힌트는 가급적 평범한 것을 고르라고 안내합니다.

마니또 오늘의 미션

쌤이 작업해야 하니 늦지 않게 보내자!

1. 오늘 발견한 마니또의 특징, 장점 적어주기. 그리고 하고 싶은 말 한 줄 이상 적기. (어제 적어준 것과 같은 내용은 안 됨)
   예: ○○아 안녕! 오늘 보니 ~하더라. 오늘 보니 ~같아. ~가 잘 어울려. ~한 모습이 보기 좋더라 등등.
2. 마니또에게 자신의 힌트를 아주 조금 주기. 힌트는 자신의 이름 중 자음을 하나 알려준다.
   예: ○○야, 내 이름에는 ○이 있어(알아차리기 어렵게 흔한 것으로 알려주기).

모두 좀 더 친해지길 바라며….

➡️ 둘째 날 미션: 내 친구와 어울리는 캐릭터 찾기

친구의 캐릭터 이미지를 찾아주는 미션입니다. 구글에서 '캐릭터'를 이미지 검색하면 다양한 것들이 나옵니다. 또는 그 친구에게서 연상되는 이미지가 있다면 단어를 검색해서 찾아보아도 됩니다. 적절한 것을 찾아 캡처해서 마니또 단톡방에 올립니다. 담임부터 솔선수범해야죠. 저부터 예시로 올립니다. 저는 애니메이션 〈업UP〉의 꼬마를 닮았다고 어느 학생이 말해줬습니다. (지금은 살이 쪄서 곰돌이 푸에 더 가깝습니다.) 학생들이 올려주는 캐릭터 이미지를 보면 센스가 돋보이고 재밌어요. 이 캐릭터 이미지를 작업해 개별 사물함에도 붙여줬습니다. 이모티콘을 찾는 미션도 좋습니다.

마니또의 캐릭터를 찾아주기!

미션: 마니또와 비슷하거나 연상되거나 생각나는 캐릭터를 찾아 캡처해서 올려주기.
팁: 구글에서 캐릭터를 이미지 검색하면 다양한 것들이 많이 있음! 동물, 애니, 만화 등에서 찾아보자!

🔸 셋째 날 미션: 친구의 기분이 좋아 보일 때 & 내가 좋아하는 것

친구가 기분이 좋아 보였던 때, 행복해보였던 모습을 적는 미션입니다. 마니또 기간에 주말이 있다면 선물 준비할 여유가 있어 좋습니다. 앞에서 말했지만 선물은 자신의 마니또가 되어 수고해준 친구에게 주는 것입니다. 그래서 이번 미션에는 자기가 선호하는 선물을 적게 합니다.

친구가 기분 좋아 보였던 순간

마니또를 하고 지금까지 보면서 그 친구가 기분 좋았던 때, 행복해 보였던 때를 적어주자.
예) ○○야, 이번 주에 ~할 때 기분 좋아 보였어(행복해 보였어).
자신은 어떤 것을 좋아하고, 싫어하는지를 적어주자.
예) ○○야, 나는 초콜릿을 좋아하고 젤리를 싫어해.

🔸 넷째 날 미션: 전생에 어떤 집에 살았을까?

먼저 학급 단톡방에 '전생에 어떤 집에 살았을까' 테스트 링크를 올려 각자 해보게 한 다음 결과를 받아 따로 정리해 둡니다. 이번에는 마니또가 친구의 입장에서 대신 테스트를 해보고 그 결과를 마니또 방에 올립니다. 이때 결과 중 친구와 잘 어울리는 문장도 함께 적습니다. 선생님은 학생 본인의 테스트 결과와 그 학생의 마니또가 해준 결과가 모두 나오도록 편집해 다음 날 붙여줍니다. 다른 적절한 테스트로 바꾸셔도 됩니다.

대신 하는 전생집 테스트

1. 내가 그 친구라고 생각하고 그 친구의 입장에서 전생집 테스트를 한 뒤 결과를 캡처해서 올리기.
   주의: 여러 번 하지 말고 첫 번째 나온 것 그냥 올려주자.
2. 테스트 결과에 있는 '이 집에 살았던 당신은?'을 읽어보고 그 친구와 어울리는 설명을 적은 뒤 오늘 수고했다는 인사로 마무리하기.
   예) ○○야, 너는 한번 시작한 일은 끝까지 해내는 완벽주의자 같아. 오늘 수고했어.

재미로 해보는 전생집 테스트.

🔵 다섯째 날 미션: 좋은 글 선물하기

마니또가 친구에게 좋은 글귀를 선물하는 미션입니다. 어떤 학생은 자신이 직접 명언을 만들기도 했어요. 이럴 땐 입이 마르도록 칭찬해줍니다. 위트가 있는 건 좋지만 선을 넘는 것을 올리면 메시지를 바로 가리고(오픈채팅방 관리자는 메시지를 다시 볼 수 없게 가릴 수 있습니다) 다시 해달라고 이야기합니다. 학생들이 올린 글들이 제법 감동적입니다.

힘이 되어줄 명언을 찾아라!

1. 인터넷 검색 사이트에서 명언(인생, 공부, 인간관계 등)을 '이미지' 검색한다.
2. 친구에게 도움이 될, 위로가 될, 힘이 될 명언을 캡처해서 오픈채팅방에 올린다. (이유도 적어주면 더 좋겠지?)
   자신이 좋아하는 명언을 보내주어도 좋음. (대신, 이 정보로 자신이 누구인지 들키면 안 된다.)

학생들이 뽑은 명언 예시

퇴근 시간은 아직 멀었는데 벌써부터 시계를 보고, 나를 사랑하는지 확신조차 없는 사람을 위해 선물을 고민합니다. 이 중 이해

할 수 있는 것은 단 하나도 없어요. 이 모든 이해할 수 없는 일들의 총합을 우리는 삶이라 부릅니다. 그러니 떳떳하게 원하는 곳에 애정을 쏟으세요. 그것이 삶을 합리적으로 만들어주진 못해도 삶을 행복하게 만들어 줄 수는 있으니까요. (웹툰 「부기영화」 중에서)

노력한다고 항상 성공할 순 없지만, 성공한 사람은 모두 노력했단 걸 알아둬. (곰돌이 푸)

여섯째 날 미션: 마지막 미션

마니또 발표 전날, 마지막 미션입니다. 친구의 첫인상과 현재 인상, 하고 싶은 말 등을 적고, 받을 선물에 대해 미리 감사 메시지도 남깁니다. 선물 준비를 잊지 않도록 다시 한번 당부합니다.

마니또 마지막 미션

1. 첫인상과 현재 인상 적기.
   (○○야, 너의 첫인상은 ~했는데, 지금은 ~한 것 같아.)
2. 하고 싶은 마지막 메시지(존중을 담아)
3. 받을 선물에 대해 미리 감사 메시지 남기기

> 미션은 1, 2, 3을 한 번에 연결해서 잘 적어주기.
> 마지막 미션이니 충실하게 써주자!
> 내일 밝혀지는 순간까지 철저히 숨겨라.
> 같이 해서 가치 있는 우리 반!

마니또로 마지막 메시지를 받습니다. 마지막 메시지는 단톡방에 올리지 않고 개별로 받습니다. 받은 것을 작업하고 책상에 붙여줍니다.

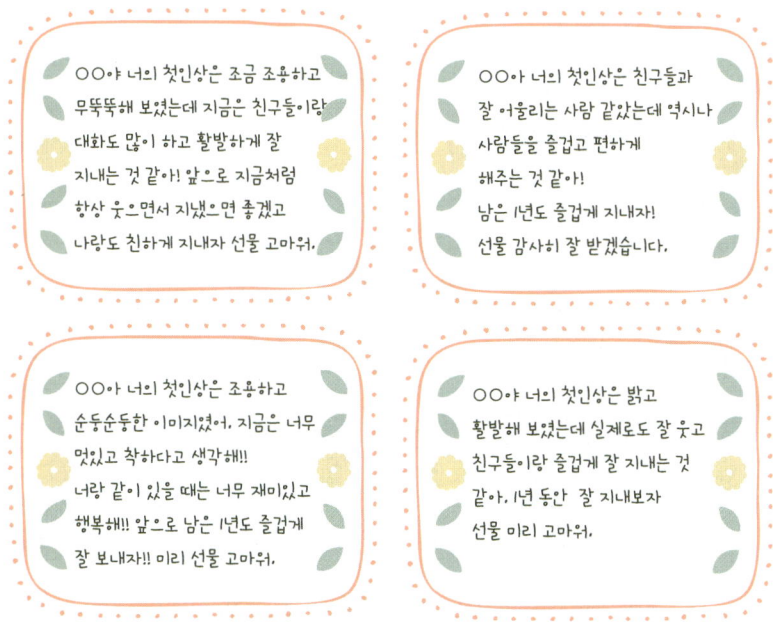

✈ 마지막 날: 마니또 발표

마무리가 중요하죠. 선물을 안 가져온 학생이 있을 수 있으니 예비 선물을 미리 준비합니다. 다 받는데 혼자 못 받으면 속상하니까요. 대신 안 가져온 학생에겐 다음 날 반드시 가져오도록 하고 실제로 전해주었는지 확인도 합니다.

학생들은 등교해서 마니또의 마지막 편지를 읽게 됩니다. 조회 시간에는 자신의 마니또를 예측해보는 쪽지를 작성합니다. 만약 예측이 적중하면, 간파당한 마니또에겐 벌칙이 있을 거라 말해줍니다. 학생들이 미션을 충실히 잘 따랐다면 생각보다 적중률이 낮게 나옵니다.

마니또 발표 시간입니다. 각자 준비한 선물을 책상 위에 올려두게 한 다음, 이렇게 진행합니다.

"A는 B를 마니또로 예측했습니다. ("오오~" 하는 학생들의 반응) A의 진짜 마니또는 일어나 A에게 가서 선물을 받아오세요."

그럼 A의 진짜 마니또가 가서 선물을 가져가며 고맙다고 말하고, A는 마니또에게 수고했다고 말해줍니다. 이런 식으로 마니또가 모두 발표되면, 각자 받은 선물을 들고 단체 사진을 찍으며 마무리합니다

예측당한 학생들의 벌칙이 남아 있죠. '에이 무슨 벌칙이냐!' 하면서 그냥 넘어가긴 아쉽습니다. 저는 소독 티슈로 반 친구들의 의자와 책상을 닦게 했습니다. 소독도 되고, 기분도 별로 나빠지지 않

는 적절한 벌칙입니다.

마니또 발표까지 끝나면 학생들에게 활동의 피드백을 받습니다. 1. 나의 이름은? 2. 내가 뽑은 친구는 누구? 3. 나를 뽑은 마니또는 누구? 4. 내가 한 활동에 대한 평가, 마니또에 대한 한 줄 평가, 5. 마니또 활동에 대한 솔직하고 구체적인 의견, 6. 기타 하고 싶은 말, 건의 등의 항목으로 구성된 피드백을 작성하는 동안 선생님은 교실을 돌며 각자 받은 선물을 들고 있게 해서 개별 사진을 찍어줍니다. 이 사진을 방과 후에 개별적으로 보내면서 한 번 더 소통의 기회를 가질 수 있습니다. 개별 사진은 포토스케이프의 이어붙이기 기능을 활용하면 한 장의 사진으로 만들 수 있습니다.

마니또 활동 피드백 양식

각자 받은 선물 들고 촬영한 것을 모아 한 장의 사진으로 편집한다.

학생들의 피드백 기록과 사진 촬영이 마무리되면 선생님의 피드백도 들려주세요. 활동의 의미와 과정에서 느낀 점을 담임의 입장에서 차분하게 전달합니다. 선생님이 먼저 피드백을 하면 학생의 피드백 작성에 영향을 주므로 학생들이 모두 작성한 후에 하시기 바랍니다.

활동 결과가 붙은 책상은 당분간 놔두었다가 하루 날을 잡아 학생들에게 A4 용지 한 장씩 주고, 훼손되지 않게 떼어서 붙이게 한 뒤 선생님이 보관합니다.

마니또 게임은 친구에게 들키지 않게 연기하는 한편, 내 마니또가 누군지 추측하느라 즐거운 긴장감 속에서 소통이 활발히 이루어집니다. 긍정적으로 변화하는 학급 분위기를 직접 경험하기에 마니또는 최적의 활동입니다. 성공적인 활동이었다면 학생들도 또 하길 원할 겁니다. 새로운 아이디어를 모아 학기중에 한 번 더 진행해보세요.

마니또에 추가하기 좋은 미션 1: MBTI 말고 '너BTI'

MBTI를 각색한 '너BTI'입니다. 마니또가 바라보는 친구는 어떤 사람인지 마니또가 그 친구의 입장에서 테스트를 해보고 결과를 올려줍니다. 테스트 결과 중에서 친구와 어울리는 문장을 적어줍니다.

'너BTI' 테스트

마니또에 추가하기 좋은 미션 2: 스마일 스티커 붙이기

온라인 미션만 하기 무언가 아쉽다면 교실에서 은밀히 수행하는 미션을 해봅니다. 마니또가 친구 몰래 책상이나 물건에 '스마일 스티커'를 붙이는 미션입니다. 적절한 스티커를 미리 준비해 2~3개씩 잘라 통에 넣어 잘 보이는 곳에 놓아둡니다. 조회 시간에 미션을 안내하고 친구가 없을 때 지나가면서 슬쩍 붙이는 등 알아서 해보라고 합니다. 이때 가장 중요한 것은 들키지 않아야 한다는 것! 거듭 강조하자면 마니또 게임의 재미는 마지막까지 모르게 하는 데 있습니다.

학급 게임: 게임은 언제나 옳다

추천 시기: 4월, 5월, 10월, 11월
추천 기간: 1~2주, 학기별
활동 유형: 온라인+오프라인
참여 범위: 학급 전체

특별한 활동이라고 보긴 어렵지만, 언제든 온라인이나 오프라인으로 진행하기 좋은 게임들을 소개합니다. 매번 졸던 학생들도 게임할 때는 눈이 초롱초롱해집니다. 재미, 긴장감, 보상의 세 요소를 갖춘 게임은 지루한 일상에 활력을 줍니다. 별것 없는 종목일지라도 포스터, 스피드, 보상 이 세 가지를 잘 활용하면 학생들의 긍정적 반응을 끌어낼 수 있습니다.

예를 들어 알까기 게임을 한다면 먼저 쓸 만한 이미지를 검색하여 포스터를 만듭니다. 규칙은 복잡하지 않게 정하고 임원들과 협의해 조정합니다. 빠른 진행을 위해 한 경기당 제한 시간을 두고, 시간이 경과해도 승패가 가려지지 않으면 가위바위보로 결정합니다. 이긴 팀에는 상장과 간식 또는 이모티콘 등 간단한 상품을 줍니다. 이렇듯 포스터, 스피드, 보상이 더해지면 알까기라는 평범한 게임이 좀 더 특별한 이벤트로 변모합니다.

🔜 미니 대회

토너먼트 방식 등으로 다양한 종목을 할 수 있습니다. 상장은 학급 뒤 게시판에 명예의 전당처럼 붙여둡니다.

오목, 육목게임

바둑판에 같은 색 돌을 5개 연속으로 놓으면 이기는 오목은 너무 잘 알려진 게임이죠. 이것도 좋지만 한 번에 2개씩 놓고 6개를 먼저 한 줄로 만드는 육목을 추천합니다. 최종 1등과 선생님이 간식내기 특별 경기를 한다면 더욱 흥미진진해질 것입니다.

팔씨름

팔씨름 게임은 남학생과 여학생 따로 진행합니다. 이것도 1등과 담임 선생님이 대결해보세요. 학생들은 선생님을 이기면 좋아합니다. 저는 힘이 없어 늘 지고, 학생들은 환호합니다.

공기놀이

일반적인 공기놀이 외에도 한 손으로 공기 많이 집기, 스피드게임, 공기 높이 쌓기, 공기 알까기, 던져서 받기 등 다양한 종목이 가능합니다. '공기의 날'을 정해 다양한 종목으로 온종일 공기만 가지고 노는 것도 가능합니다.

알까기

공기나 바둑알로 합니다. 2대 2 팀전이 재밌습니다.

지우개 따먹기

이것도 팀전이 좋습니다. 두 명씩 팀을 만들어 2대 2로 경기해보세요.

오목 게임과 공기놀이 대회 포스터.
대회 후 최종 1등에게는 상장을 인쇄해
수여한다.

뜬금없는 게임

분위기가 늘어진다 싶을 때 하기 좋은 뜬금없는 게임입니다. 짤막한 난센스 퀴즈에서 시작해 대회까지 시도할 수 있습니다.

난센스 퀴즈

여러 난센스 문제를 찾아서 선착순 퀴즈를 해볼 수 있습니다. 비대면 수업을 할 때도 가능합니다. 답을 맞힌 학생에겐 작은 상품도 줍니다. 저는 점심시간에 10분 후 긴급 미션을 하겠다고 공지했습니다. 다음 제시되는 그림이 무엇을 의미하는지 여러분도 한번 도전해보세요.

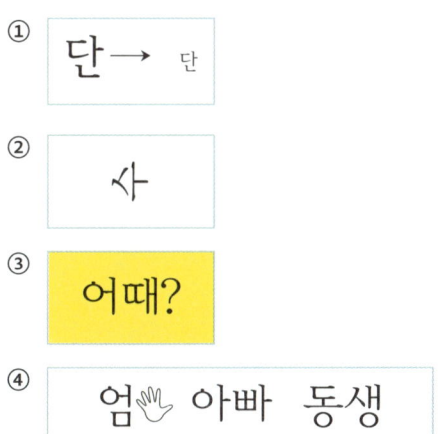

답: ①자가진단(작아진 '단') ②가로수(수가 가로로 놓여있어서) ③노래 (배경이 노란색이라서) ④마가린(글자 마를 가려서)

여러분은 몇 개나 맞히셨나요? 학생들이 이미 아는 문제였는지 3번까지 너무 빨리 맞혀 놀랐습니다. 마지막 문제는 모두 어려워하더군요. 제가 답을 말하자 여기저기 탄성이 나왔습니다. 학생들의 호응을 보며 온라인 게임도 가능하겠다는 생각이 들어 또 다른 활동을 기획했습니다. 이름하여 '뜬금없는 대회'입니다.

뜬금없는 대회

일단 포스터를 만듭니다. 종목은 미리 알려주지 않고 규칙부터 설명합니다.

게임 규칙

0. 별거 없어 보일지라도 모두 즐겁게 참여하면 좋겠습니다.

1. 쌤이 채팅창에 올리는 링크를 누르면 게임 시작이고 게임은 각자 컴퓨터로만(교실 수업이라면 스마트폰으로만) 합니다.
2. 게임은 양심껏 세 번까지 해보고, 게임이 끝나면 찍은 결과를 쌤에게 개별적으로 보내세요.

추억의 게임이라 할 수 있는 '1 to 50' 게임 링크를 보내줍니다. 분위기를 조성하기 위해 긴박감이 느껴지는 배경음악도 틀어줍니다. 마무리까지 보통 15~20분 정도 걸립니다. 학생들이 기록을 보내주면 엑셀에 기록하고 정렬해서 등수를 확인합니다. 참여하지 않는 학생이 있을 땐 한 번이라도 해보라고 부드럽게 권유합니다. 마감 후 3등까지 순위를 공개하고 상품을 줍니다. 저는 3등에게 비타민 음료 교환권, 2등에게 바나나 우유 교환권, 1등에게 원하는 이모티콘을 주었습니다. 간단하고 뜬금없는 활동이었지만 반응이 좋아 나중에 짝 맞추기 게임으로 두 번째 대회를 열었습니다.

담임 쌤을 이겨라

아이스크림이 절로 생각나는 무더운 여름날, 학생들에게 갑작스러운 대결을 제안합니다.

"요즘 날도 더운데, 아이스크림 걸고 게임 한 번 하자."

제목은 '선생님을 이겨라'. 한 명씩 선생님과 가위바위보를 해서 과반수가 이기면 아이스크림 교환권을 받습니다. 담임이 돌아다니며 가위바위보를 하고 옆에서 임원이 명렬표로 승패를 기록합니다.

선생님이 이기면? 간단히 대청소를 시킵니다. 그리고 다음 날 또 합니다. 지면 교실이 깨끗해지고, 이기면 시원하게 아이스크림 먹는 것이죠. 간식 교환권은 바로 써도 되고 체육 수업 있는 날에 써도 됩니다. 사용 권한은 임원에게 줍니다. 가위바위보 아닌 다른 종목으로도 할 수 있습니다. 그냥 받는 간식보다 승리의 전리품이 더 기분 좋지 않을까요?

〈 2-5 〉 갑작스러운 대결 1회

선생님을 이겨라

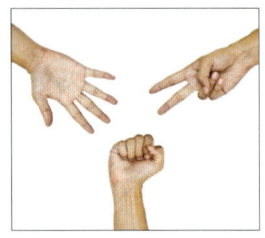

♣종목: 가위바위보(누군가 이길 때까지)
♣날짜: 6월 18일(화) 오전 쉬는 시간
♣방식: 반 전체의 절반 이상(14명)이 쌤을 이기면
　　　아이스크림 교환권 획득!
　　　15명 이상이 쌤에게 지면… 깔끔한 대청소!
※ 이 대결은 쌤이 패배할 때까지 합니다.
　(아이스크림 주고 싶어서, 지면 교실은 더욱 깨끗~)
　다음 대결도 갑작스럽게 이루어질 예정.
　모든 건 쌤 마음대로.

자투리 시간을 활용한 게임

어렵지 않고 단순하면서, 운이 조금 요구되는 게임이 긴장감도 있고 참여하는 학생들도 즐겁습니다. 15~20분 정도 자투리 시간을 활용해 아무 생각 없이 반 학생들과 즐겁게 보내고 싶을 때 한번 해보세요. 많은 준비가 필요 없고, 어렵지 않고, 지루하지 않아 학생들의 몰입도가 높습니다.

소수결

함께 근무했던 선생님이 알려주신 게임입니다. 많은 수가 이기는 다수결과 달리, 가장 적어야 이기는 소수결 게임입니다.

게임 방법

준비물: A4 이면지를 16등분으로 자른 메모지(대충 잘라도 됩니다).
상품: 사탕이나 캐러멜 같은 소소한 간식.

① 모두에게 메모지를 한 장씩 나눠줍니다.
② 약 20초 동안 1부터 10까지의 자연수 중 사람들이 '가장 적게' 선택할 것 같은 수를 적고 숫자 아래에 이름을 적습니다. 이름을 안 적은 것은 무효 처리됨을 안내합니다.
③ 메모지를 걷은 다음 교사가 숫자를 부르고 학생 한 명(또는 임원)이 칠판에 기록합니다. 확인한 메모지는 같은 숫자끼리 모

아둡니다.

④ 가장 적은 개수가 나온 숫자를 적은 사람의 이름을 부르며 상품을 줍니다. 만약 그 수를 혼자만 적었다면 좀 더 큰 보상을 줍니다. 적게 나온 수가 여럿이면 모두 인정해줍니다.

⑤ 게임을 반복한다면 다음에는 1부터 9까지, 그다음에는 1부터 8까지 중에서 적는 식으로 숫자를 줄여갑니다. 범위가 좁아질수록 당첨 확률이 높아지니 더 재밌습니다.

⑥ 마지막 게임은 홀짝, 1과 2로 합니다. 만약 모든 숫자에 동일한 표가 나오면 모두에게 상품을 줍니다. 그런 적이 몇 번 있었는데 저절로 박수가 나옵니다.

주사위 빙고

주사위를 활용해 확률을 계산하는 전략 빙고입니다. 주사위는 학생들이 돌아가며 던집니다. 선생님은 주사위 판을 들고 돌아다니기만 하면 됩니다. 주사위를 던지는 판은 A4 용지 박스 덮개를 추천합니다.

게임 방법

준비물: 주사위 2개, 빙고판(5X5), 상품

① 빙고판을 하나씩 나눠줍니다.
② 두 개의 주사위를 던져 합으로 나올 수 있는 숫자(2~12)로 빙

고칸을 채웁니다. 중복이 허용되며 하나의 숫자로 다 채워도 상관없습니다.

③ 주사위를 던져 합이 빙고판에 있는 숫자인 경우 그중에서 '하나'를 지웁니다. (이때 설명을 제대로 안 듣고 왜 1이 한 번도 나오지 않냐고 투덜대는 학생도 있습니다.)

④ 대각선을 포함하여 3줄 빙고가 되면 '빙고'를 외칩니다.

⑤ 빙고를 외친 사람이 3명 이상 나오면 게임이 끝나며 빙고를 외친 사람은 상품을 받습니다.

단합, 단합, 단합! 학급 단합 프로젝트

추천 시기: 5월, 7월, 10월, 12월 등 지필평가 이후
활동 시간: 방과 후 0시간
활동 유형: 오프라인
참여 범위: 학급 전체

많은 학급 활동 중에서 제가 정성을 쏟는 것 중 하나가 바로 단합 활동입니다. 일회성의 활동이나 여러 날에 걸친 미션과 달리 단합은 하루에 모든 것을 쏟아붓습니다. 마치 종합선물세트 같은 하루를 선사하는 것입니다. 저는 1년에 최대 세 번까지 해보았습니다. 효과는 확실합니다.

우선 단합하기 좋은 날을 미리 잡습니다. 방과 후 활동이므로 학년부장 선생님, 교감 선생님에게 구두로 먼저 보고하고 기안 결재까지 완료합니다. 가정통신문을 보내 보호자의 동의를 받고, 단합일 전날에는 안전교육도 실시합니다. 이런 절차는 중요합니다. 목표는 '같이의 가치'입니다.

단합은 학생 임원들이 주도할 수도 있고, 담임 선생님이 주도할 수 있습니다. 임원들이 주도할 경우 기획과 준비, 운영을 자체적으

로 추진합니다. 이때 담임 선생님은 염려가 되는 부분만 조율하는 등 개입을 최소화하고 뒤로 물러나 있습니다. 학급 성향에 따라 양상이 많이 달라지며, 담임 입장에서는 조금 편한 방법입니다. 이에 비해 선생님이 진행하는 단합은 선생님이 많이 바빠집니다. 가능한 아이디어를 모아 시작부터 마무리까지 전체적인 큐시트를 짜보면서 구성합니다. 임원들의 도움을 받게 되겠지만 그 학생들도 운영자가 아닌 참여자로서 즐기도록 배려해주는 것이 좋습니다.

단합 모둠 뽑기

단합 모둠은 남학생과 여학생이 균형 있게 섞이도록 편성합니다. 모둠 수는 대결 게임을 고려하면 짝수가 좋습니다. 모둠원은 뽑기로 정하며, 남1, 여1, 여2 식으로 추첨표를 만듭니다. 뒤의 숫자는 모둠을 나타냅니다. 모둠에 친한 친구가 없다고 불만이면 저는 이 기회에 친해지라고 합니다. 단합 활동의 목적이기도 하니까요. 만약 같은 모둠이 되면 절대 안 되는 학생들이 있고 그것을 반 아이들 모두 인지하는 상황이라면 그 둘을 먼저 뽑게 해 다른 모둠이 나온 것을 확인하고 진행하는 유연함이 필요합니다. 완벽한 학급 자리표가 없듯이 완벽한 모둠 편성도 없습니다.

모둠이 결정되면 모둠장과 촬영 담당을 정합니다. 활동에 참여하지 않고 계속 스마트폰만 보는 상황이 생기지 않도록 각 모둠의 촬영 담당만 스마트폰을 쓸 수 있도록 합니다.

큐시트와 점수표 짜기

계획한다고 그대로 진행되지는 않겠지만 그래도 큐시트가 있는 것과 없는 것은 다릅니다. 처음부터 끝까지 전체적인 흐름을 정리하는 큐시트를 만들어보세요. 활동마다 점수를 계산할 수 있도록 점수표도 짭니다.

➡ 단합 주제 1: 함께 빙수 만들어 먹기

재료 준비

우유 빙수를 만들기로 했다면 먼저 우유를 냉장고에 얼려두어야 합니다. 우유 급식을 하는 학교는 학생들의 동의를 구한 다음 교무실 냉장고에 얼리는 방법도 있습니다. 우유로 할 경우 멸균우유 1인 1개가 적당합니다. 모둠 수가 많다면 두 모둠을 묶어 한 팀을 만듭니다. 팥, 연유, 시럽, 떡, 비닐 식탁보 정도는 공동으로 사서 분배합니다. 비닐 식탁보는 횟집에서 흔히 보는 것인데, 뒷정리의 수고를 확 줄여줍니다. 얼음 가는 기계를 3개 준비할 수 있다면 좋지만, 없다면 채소용 강판도 됩니다.

제작 회의

담임 시간 등을 이용하여 팀별로 빙수 제작 회의를 합니다. 어떤 빙수를 만들지 결정되면 필요한 준비물을 적고 담당을 정합니다. 준비물 분담이 고르게 되도록 신경 써서 정합니다.

빙수 만들기

팀별 재료 중 냉장, 냉동 보관이 필요한 것은 등교하면서 교무실로 가져오게 해 냉장고에 넣어둡니다. 단단히 얼어 있는 우유는 한두 시간 전 미리 꺼내 자연 해동합니다. 팀별로 책상을 모으고 비닐을 깐 뒤 기본 재료를 나눠줍니다. 얼음을 가는 것이 가장 큰 일이지만, 학생들이 알아서 재미있게 만들 테니 선생님은 돌아다니며 사진 찍어주고 팀별로 완성된 빙수를 맛보시면 됩니다. 맛있게 빙수를 먹고 난 뒤 정리를 꼼꼼하게 합니다.

모둠별 빙수 만들기.

단합 주제 2: 함께 놀기

단합에 게임이 빠질 수는 없죠. 게임은 개인전, 팀전 등 다양하게 구성합니다. 각 게임은 모든 모둠이 빠짐없이 참여해야 하며, 반응이 좋으면 한 차례 더 반복할 수 있습니다. 조금이라도 지루해하는 기색이 느껴지면 미련 없이 바로 다음 게임으로 넘어갑니다. 준비한 게임을 어떻게든 다 하는 것보다 지루할 틈을 주지 않는 것이 더 낫습니다.

모둠별 대결 게임에서는 상대를 추첨으로 결정하는 것이 좋습니다. 게임 안내 후 모둠 번호가 적힌 아이스크림 막대를 뽑아 바로 대결합니다. 한 번 더 반복할 때도 새로 추첨해서 합니다. 이렇게 하면 다양한 모둠과 마주할 수 있어 좋습니다.

간단하면서도 반응이 좋았던 게임 몇 가지를 소개합니다. 몸으로 말해요, 스피드 퀴즈 등 예능 프로그램에서 자주 접한 게임들은 이미 잘 알고 계실 테니까요.

이름 초성 퀴즈

초성 게임으로 가볍게 시작합니다. 영화 제목, 가수 등으로 해볼 수도 있지만, 평소 이런 분야에 관심 없는 학생이라면 집중도가 떨어지고 재미없어합니다. 그렇다면 모두 알고 있는 것, 우리 반 학생 이름으로 해서 초성 퀴즈 문제를 만들어보세요. 단순하게 내면 쉽기 때문에 문제를 조금 변형하여 2명의 학생 이름을 한 글자씩 번갈아서 섞어 냅니다. 다음과 같은 예시 문제로 연습게임을 할 수도 있습니다.

> **예시 문제**
> ㅈㅇㅂㅅㄱㅅ

너무 어려워하면 모음 힌트('장 이 보 순 고 신')를 주어 난이도를 조절합니다. 이 문제의 정답은 '장보고, 이순신'입니다. 이런 식으로 학생 두 명의 이름 초성을 섞어 문제를 내는 것입니다.

학생의 이름을 무작위로 섞는 것은 엑셀의 랜덤함수를 이용하면 편합니다. 제 블로그에 무작위로 섞는 것을 도와주는 간단한 엑셀 양식과 게임 틀을 올려두었으니 활용하세요. 학생 수가 홀수라면 선생님의 이름까지 넣어서 짝을 맞춥니다.

게임 화면은 PPT나 한글 프레젠테이션 기능으로 보여주세요. 초성이 같은 학생이 있다면, 선생님이 준비한 이름으로 맞혀야 한다고 알려주세요. 서로 이름이 아직 익숙하지 않은 상황이라면 조마다 명렬표를 하나씩 주셔도 됩니다.

한번은 'ㅁㅅㄱ ㄱㄷㅇ'이란 문제에서 한 학생이 갑자기 '못생긴 김동욱!'이라고 크게 외쳐서 모두 크게 웃었던 적이 있습니다. 그 당시 학급 부회장의 이름이 '김동욱'이었습니다. 이렇게 자연스럽게 웃음이 터지는 건 학급 활동에서 얻는 보석 같은 순간입니다.

겹쳐진 이름 맞히기

이름 세 글자를 겹쳐 만든 후 제시해 어떤 이름인지 맞히는 게임입니다. 예시를 드립니다.

이 문제의 정답은 '이순신'입니다. 답을 알고 다시 보면 글자가 더 잘 보입니다.

초성 퀴즈와 마찬가지로 이 게임에서도 무작위로 섞은 두 명의 이름을 각각 겹쳐서 나란히 제시합니다. 학생들의 이름 말고 세 글자로 이루어진 일반 단어로 문제를 만들어 진행할 수도 있습니다.

글자 겹치는 방법

① 한글 메뉴에서 입력-입력도우미-글자 겹치기를 선택하세요.

② 겹쳐 쓸 글자를 적고, 겹치기 종류는 첫 번째(빨간색 사선)로 선택하며 '모양 안에 글자 겹치기'도 체크합니다.

겹쳐서 제시된 글자를 보고 추리하는 게임.

눈 가리고 제기차기

준비물: 고깔, 제기

고깔을 머리 위가 아닌 얼굴에 쓴 상태에서 주어진 시간 동안 제기를 최대한 많이 차는 게임입니다. 학급 전원이 하기엔 시간이 너무 많이 걸리므로 각 조의 대표로 남학생과 여학생 한 명씩 도전합니다. 사진보다 영상으로 남겨두면 나중에 볼 때 더 생생하고 재미있습니다. 시야가 매우 제한된 상태라 헛발질을 하기도 하고 떨어뜨린 제기를 찾느라 허둥지둥하는 등 몸 개그가 속출하다 보니 하는 친구들도, 보는 친구들도 모두 즐거워하는 게임입니다.

고깔 쓰고 제기 차기.

눈 가리고 그림 그려 맞히기

준비물: 제시어, 눈을 확실히 가릴 수 있는 안대

조마다 한 명이 나와서 제시어를 뽑아 확인한 후 안대를 낀 상태로 10초 동안 그림을 그리면 그 제시어가 무엇인지 맞히는 게임입니다. 그림 그리는 학생의 조가 정답 우선권을 가지며, 그리는 도중에 정답을 외쳐도 됩니다. 그림의 완성도에 비해 생각보다 잘 맞힙니다.

제시어 '아이언맨'을 표현한 그림.

판 뒤집기

준비물: 뒤집기 판

앞뒤 면의 색이 다른 판을 깔고 자신의 색이 더 많이 나오도록 뒤집으며 겨루는 게임입니다. 시간은 20초 정도가 적당합니다. 뒤집기 판은 학급비로 사두면 두고두고 쓸 수 있습니다. 옆 반과 같이 사서 공유하는 것도 방법이지요. 판이 많다면 개인전, 단체전도 가능합니다. 만약 뒤집기 판이 없다면 두꺼운 A4 종이를 양면 인쇄해 쓰세요. 생각보다 경기가 격렬해서 보는 재미가 있지만, 다치는 학생이 나오지 않도록 주의해야 합니다.

박진감 있는 판 뒤집기 게임.

복불복 게임

준비물: 복불복 도구

모둠별로 막대를 한 명씩 뽑다가 윗면이 튀어오르면 끝나는 복불복 게임입니다. 이때 꽂힌 막대 개수만큼 점수를 얻습니다. 가끔은 첫 시도에 튀어오르는 상황도 일어납니다. 꽂힌 막대 개수 하나당 점수를 높여 막판 순위 뒤집기 게임으로 운영해도 좋습니다.

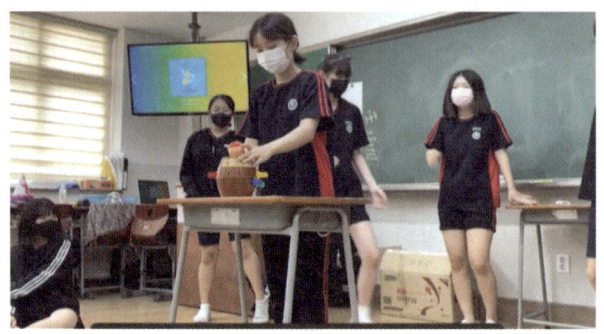

해적 룰렛으로 복불복 게임을 진행 중인 모습.

➡ 단합 주제 3: 보물찾기와 선물 교환

단합의 마지막을 장식하는 활동으로 보물찾기와 선물 추첨을 해보세요.

보물찾기

진행 방법

① 보물찾기 용지를 인원수대로 준비하여 학생의 이름을 미리 적어둡니다.
② 전체 모둠을 A, B 2개 팀으로 나눕니다.
③ 모두에게 각자의 이름이 적힌 보물찾기 용지를 나눠줍니다.

④ 15~20분 동안 A팀과 B팀은 서로 볼 수 없게 다른 층에 용지를 숨깁니다. 예를 들어 A팀은 2층에, B팀은 4층에 숨기는 것입니다. 교실이나 화장실 안에 숨기는 것은 안 됩니다.

⑤ 교사는 종료 5분 전 층을 돌아다니며 종료가 가까웠음을 알리고 다시 모이게 합니다.

⑥ 신호를 주면 다른 팀이 숨겼던 층으로 가서 보물찾기 용지를 찾습니다. 제한 시간은 15분입니다.

⑦ 찾아온 개수가 팀의 점수입니다. 용지에 이름이 적혀 있으므로 발견되지 않은 보물 용지는 그걸 숨긴 사람이 되가져와서 처리합니다. (보물 용지가 학교에 남아 있지 않게 처리하는 방법입니다.)

보물찾기 팀 대항전.

보물찾기로 퀴즈 풀기

보물찾기에 퀴즈 퍼즐을 더한 것입니다. 단합 때마다 같은 방식으로 보물찾기를 하면 재미가 반감될 수 있으므로 이런 식으로 아이디어를 더하거나 확장해 진행해보세요.

진행 방법

① 퀴즈를 정한 후 한 글자씩 용지에 적습니다. 퀴즈의 글자 수는 가급적 학생 수에 맞추세요. 글자가 부족하면 꽝을 넣어도 됩니다.
예시: 우리 반 이름에 받침이 없는 학생의 수는? 담임 선생님의 영어 이름은 몇 글자일까?
② 보물찾기 용지를 숨길 때와 마찬가지로 팀별로 공간을 나누어 퍼즐을 숨깁니다.
③ 상대 팀이 숨긴 용지를 찾아 먼저 퍼즐을 맞추고 답을 가져오는 팀이 이깁니다.

학생들이 숨기는 층 말고 다른 층에 미리 선생님의 특별 메시지를 한 글자씩 숨겨두는 방법도 있습니다. 학급 인원수에 맞춘 문장, 예를 들면 '함께한 모든 날이 좋았다. 같이 해서 가치 있는 우리 0반'을 찾아 문장을 완성해오면 아이스크림 교환권 등 선물을 주는 것입니다. 완성된 메시지는 학급 게시판에 붙여두면 그 자체로 소중합니다.

선물 추첨

단합하는 날 전까지 각자 2,000원 정도 되는 선물을 사오라고 해서 미리 받아둡니다. 선물은 '유용하지만 내 돈 주고 사기엔 다소 애매한 것'처럼 정해주셔도 좋습니다. 돈을 쓰게 하는 것이 부담된다면 '집에 있는 쓸 만한 물건인데 지금은 사용하지 않는 것'을 선물로 가져오라고 해도 됩니다. 선물의 내용을 알 수 없게 포장하고, 번호를 하나씩 붙입니다. 번호를 하나씩 적은 추첨표도 준비합니다. 학생들이 보물찾기를 하는 동안 선물 추첨을 준비하면 좋습니다.

각자 번호를 뽑아 해당하는 선물을 받으면 그 자리에서 개봉하고 개별 사진도 찍습니다. 센스 있는 선물에 웃기도 하고, 성의 없는 선물에 아쉬워하기도 하지만 모두가 공평하게 선물을 받는 것에 초점을 두었습니다. 모두가 선물을 받는 것이 진짜 보물이었다고 소감을 적은 학생도 있었습니다.

각자 준비해 온 선물 추첨.

시상식과 마무리

단합의 마침표인 최종 점수 발표와 시상식입니다. 상품은 아이들이 좋아하는 간식으로 모둠 인원수에 맞게 준비하며, 그중 1등 상품은 보기에도 그럴싸하게 제일 큰 상자에 담습니다. 상품 상자에는 '1등 상상 그 이상' '2등 우리들의 우상' '3등 아름다운 세상' '4등 자유의 여신상' '5등 조금 이상' '6등 노력이 가상' 등 센스 있는 이름을 붙여 보세요. 끝 순위 모둠부터 상품을 수여하고 모둠 사진을 찍습니다. 받은 선물을 들고 단체 사진을 찍으며 마무리합니다.

주변 정리를 하고 귀가시키며 마지막 미션을 안내합니다. 귀가 후 인증샷 보내기입니다. 인증샷을 보내지 않으면 다음 날 청소 당번이라는 것도 덧붙입니다. 학생들을 보내고 학부모님께 활동을 잘 마쳤다는 문자를 보내주세요. 귀가 인증을 한 학생에게 오늘 찍은 학생의 개별 사진을 보내주며 '함께해서 좋았다'는 말로 마무리합니다. 평소와는 조금 다른 학생들의 답변에서 단합 활동이 성공적이었음을 느끼실 것입니다.

단체 사진과 개별 사진을 보내주며 활동을 마무리한다.

🔹 활동의 마무리는 언제나 피드백

방과 후 원 없이 함께 보낸 단합이 끝나고 다음 날 피드백을 받습니다. 이때는 전체적인 소감을 한 번에 적는 것보다 일정 하나하나 문항을 만들어서 의견을 적게 하는 것이 좋습니다. 활동을 경험한 사람이 해주는 피드백이 가장 정확합니다. 적어준 의견은 지금의 활동을 개선하고 다음 학급 활동을 위한 좋은 재료가 됩니다. 꼭 인쇄해서 가지고 계세요.

'단합하는 날' 피드백 설문지

친구야 사랑한 day!

추천 시기: 5~6월, 9~11월
추천 기간: 1주일
활동 유형: 오프라인, 온라인
참여 범위: 학급 전체

친구 사랑 주간을 잡아 매일 미션을 수행하며 서로의 거리를 좁혀보는 활동입니다. 시험 압박이 없는 때 하기에 좋으며, 저는 5월 말에 마니또 활동의 긍정적인 분위기를 이어 진행했습니다. 활동을 안내하는 포스터를 만들어 게시합니다.

🧭 첫째 날 미션: 너의 이름은

일본 애니메이션 작품 제목이기도 한 '너의 이름은' 미션은 이름을 넣으면 전생에 어떤 관계였을지 보여주는 테스트를 하고 친구들과 공유하는 것입니다. 결과를 신뢰하거나 전생을 믿어서가 아니라 단순히 재미로 하는 테스트입니다. 15분 남짓의 시간에 잠깐 웃고 넘길 수 있는 활동입니다.

방법은 간단합니다. 학급 단톡방에 올린 테스트 링크를 눌러 자기 이름과 친구 이름을 넣은 뒤 나온 결과를 캡처해 올리면 됩니다. 결과를 보면 주종관계나 형제, 부부, 연인관계 또는 모르는 관계 등 다양합니다. 미션을 하기 전에는 유치하지 않을까 염려했는데 다행히도 자기들끼리 돌아다니며 공유할 정도로 분위기가 좋더군요.

친구와 나의 전생의 관계는?

이어서 다음 날 미션의 사전 준비로 테스트 하나를 더 합니다. '스낵으로 보는 내 성격'과 같이 결과에 관한 설명이 충분히 적힌 것이 좋습니다. 테스트 결과를 받으면 개별 활동지를 미리 작성해 둡니다.

스낵으로 보는 내 성격

친구야 사랑한 day 활동지.

🔜 둘째 날 미션: 너의 유형은

전날 미리 해둔 성격 유형 테스트 결과가 담긴 개별 활동지를 들고 친구들에게 한 줄 평을 받는 활동입니다. 너무 진지하거나 성의 없는 평이 나오지 않도록 '센스 있는 한 줄 평을 기대한다'라고 미리 일러둡니다. 활동지는 돌아가며 써야 하므로 받침대를 주는 것이 좋아요. A4 클립보드가 없

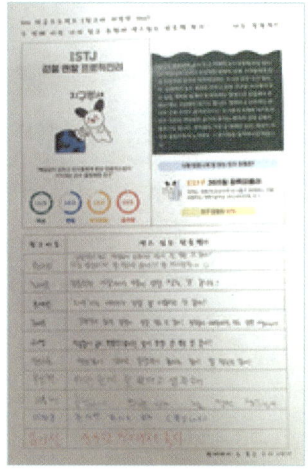

다면 하드보드지에 집게 클립으로 고정해도 됩니다.

활동지는 다음 날 아침에 학생들과 함께 교실에 붙이세요. 이런 읽을거리는 학급의 하루를 덜 지루하게 만들어줍니다.

미션 완료된 활동지를 붙인 사물함.

셋째 날 미션: 너의 모습은

친구 모습을 그려주는 셋째 날 '너의 모습은' 미션입니다. 활동에 앞서 함께 약속할 것은 '기분 나빠하지 않기!'입니다. 소외되는 학생이 없도록 그릴 친구는 추첨으로 정합니다. 그려주고 싶은 친구가 따로 있다면 추가로 더 그려도 됩니다. 그림 실력과 상관없이 친구의 특징을 잘 표현하여 놀랐습니다. 한 학생은 학급 단체 사진을 참고해 반 모두를 그리기도 했습니다. 담임 선생님도 그릴 대상에 포함시키면 또 다른 재미를 주기도 합니다. 이 작품들도 학급에 게시합니다.

'너의 모습은' 미션 결과물.

→ 넷째 날 미션: 하트 붙이기

마지막 날에는 하트를 붙이는 시간을 갖습니다. 각자 10~20개의 하트 스티커를 들고 돌아다니며 가위바위보를 해서 진 사람이 이긴 사람에게 스티커를 붙입니다. 최대한 많은 사람과 마주하도록 같은 사람과 가위바위보를 두 번 할 수 없다는 규칙을 정합니다.

코로나로 온종일 마스크를 쓰고 있던 시기에는 마스크에 하트 붙여주기로 진행했습니다. 마스크 쓴 채 좀처럼 함께 어울릴 수도 없었던 시기로 잠깐이나마 서로 마주하고 즐겁게 하트를 붙여주는 모습이 참 보기 좋았습니다.

활동 후에는 한 명씩 사진을 찍어주고 단체 사진도 찍습니다. 개별 사진을 포토스케이프 프로그램을 이용해 한 장으로 편집해도 좋습니다. 이렇게 기억될 순간 하나가 만들어집니다. 친구가 붙여준

하트가 맘에 들었던지, 미션이 끝난 후에도 한동안 교실 곳곳에 하트가 보이더군요.

마지막 날 서로에게 하트를 붙이는 미션(위) 등 여러 활동이 진행되는 동안 칠판에는 친구 사랑 주간을 알리는 홍보물을 붙여둔다(아래).

늘 마지막은 피드백 받기입니다. 담임은 학생들에게 좋은 추억을 만들어주셔서, 우리를 위해 수고해주셔서 감사하다는 긍정적인 반응을 읽으며 더 많은 기획을 시도할 힘을 얻게 됩니다.

닫는 글

1년 동안 이 책에 담긴 모든 것을 하기는 어렵습니다. 업무와 수업을 책임지면서 학급 활동까지 하는 건 부담이 앞서죠. 일단 간단해 보이는 것이나 마음에 드는 것부터 해보시면 좋겠습니다. 활동 하나를 성공적으로 마무리하면 '가능성'이 보일 것입니다. 두 번째의 성공으로 자신감이 살짝 붙게 되고 세 번째, 네 번째 이어지다 보면 학급의 변화, 선생님의 변화를 느끼게 될 것입니다.

물론 학급 활동이 반드시 긍정적인 변화를 보장하는 것은 아닙니다. 그러나 아무것도 하지 않으면 변화의 기회는 없습니다. 우리는 그저 불확실성을 인정하며 시나리오를 준비하고 제시할 뿐이죠. 기획은 남습니다. 무엇보다 자신에게 남습니다. 담임의 학급 활동 기획력은 시도할 때 키워집니다. 스쳐 지나가는 아이디어를 붙잡고, 완벽하지 않아도 준비된 만큼 시도해보세요. 그 시도가 누군가에게 중요한 계기가 될 수 있습니다.

이제 선생님께 두 가지 질문을 드리고 싶습니다.

질문 하나. 선생님은 어떤 담임이 되고 싶으신가요?

이 질문에 대한 저의 답은 2014년 부천에서 기간제 교사로 근무할 때 연구부장님이 제게 해주신 칭찬입니다.

"장쌤, 쌤이 내 딸의 담임이었으면 좋겠다."

전 이 문장을 늘 품고 있습니다. 벅찬 칭찬이었고, 교사 임용을 준비하는 힘이 되었습니다. '내 아이의 담임이 되었으면 하는 교사', 제가 추구하는 담임의 모습입니다. 이 책을 읽으시는 선생님도 이 질문에 대한 자신의 문장을 가지시길 바랍니다.

질문 둘. 선생님은 어떤 담임으로 기억되고 싶으신가요?

이 질문에 대한 저의 답은 『해리 포터』를 쓴 작가 조앤 롤링이 한 인터뷰에서 했던 답변과 관련 있습니다. 살면서 가장 인상 깊게 들었던 말이 무엇이냐는 인터뷰 질문에 조앤 롤링은 지나가던 20대 여성이 자신에게 다가와 해준 말이라며 이렇게 답변합니다.

"You were my childhood(당신이 제 유년시절이었어요)."

해리 포터와 함께한 나의 유년 시절, 그것을 만들어준 사람이 바로 당신이라는 것이죠. 멋지지 않나요.

이 답변을 제게 적용해 나중에 제 제자들이 저를 '당신이 나의 학창 시절이었다'로 기억해주길 원합니다. 2022년 1월 졸업식에서 담임으로서의 마지막 메시지를 이것으로 했습니다. 저는 선생님께서 어느 누군가의 학창 시절로 기억되는 담임이 되길 응원하며, 이 질문에도 자신만의 답을 가지시길 바랍니다.

담임은 잊혀집니다. 물론 담임도 조금씩 제자들을 잊습니다. 잊혀질 것을 알면서, 준 만큼 돌아오지 않을 것을 알면서도 내 것을 기꺼이 주어야 하는 담임, 그래서 담임은 어렵습니다.

학생들을 위해 활동을 기획하고 시도했지만 돌아보면 그 과정과 경험들이 저를 변화시켰고, 조금씩 행동하는 교사를 만들어줬습니다. 아무것도 하지 않으면 아무 일도 일어나지 않는다는 말은 학급 활동에 참 적절한 표현입니다.

학급 활동에 진심이었던 순간들이 쌓여 이 책이 나오게 되었습니다. 이 책이 담임을 맡으신, 그리고 언젠가 담임을 맡으실 선생님께서 가까이 두고 참고하는 든든한 안내서로 가치 있게 사용되기를 바랍니다. 제 활동을 공유하는 것은 늘 두렵고 떨리지만, 이 공유가 가져올 변화를 기대합니다. 선생님들의 기획과 활동을 미리 응원합니다. 끝까지 읽어주셔서 감사합니다.